天然气客户管理理论与实务

贺志明 杜奇平 熊 伟 冯庆斌 著

石油工业出版社

图书在版编目（CIP）数据

天然气客户管理理论与实务 / 贺志明等著 . -- 北京：石油工业出版社, 2024. 12. -- ISBN 978-7-5183-7116-7

Ⅰ . F426.22

中国国家版本馆 CIP 数据核字第 2024P4S095 号

天然气客户管理理论与实务

贺志明　杜奇平　熊　伟　冯庆斌　著

出版发行：石油工业出版社
　　　　　（北京市朝阳区安华里二区 1 号楼 100011）
网　　址：www.petropub.com
编 辑 部：（010）64523570　　图书营销中心：（010）64523633
经　　销：全国新华书店
印　　刷：北京中石油彩色印刷有限责任公司

2024 年 12 月第 1 版　　2024 年 12 月第 1 次印刷
740 毫米 ×1060 毫米　开本：1/16　印张：11.75
字数：180 千字

定　价：79.00 元
（如发现印装质量问题，我社图书营销中心负责调换）
版权所有，翻印必究

《天然气客户管理理论与实务》

编写组

贺志明	杜奇平	熊　伟	冯庆斌	张　川	杨雅雯
袁　灿	谭　琦	陈虹霏	王富平	李孜孜	陈渝静
任雨涵	高　芸	杨天翔	余　乐	张　韬	刘　沁
赵清明	范国华	朱　阳	钱　晨	付　帅	陈时雨
黄　英	唐四龙	王红英	吴奇远	罗小利	王丽君
李海清	罗凌睿	陈进思	姚　韬	王　展	

我们的愿望是，

以客户为中心，以价值创造为核心，努力构建特色专业的天然气客户管理新模式与新平台。

前言

随着我国社会主义市场经济快速高质量发展,天然气作为清洁低碳稀缺资源,其产品能源属性、商品经济属性、社会价值属性和国家战略属性越来越凸显,与人们日常衣食住行、国民经济发展、现代化建设和国家能源安全息息相关。特别是党的十八大以来,在习近平总书记"四个革命、一个合作"的能源安全新战略思想的指引下,在国家全面推行油气行业市场化体制机制改革进程中,中国石油西南油气田分公司(简称"西南油气田公司"或"西南油气田")天然气产业阔步迈入黄金发展机遇期,天然气产供储销一体化运营与管理优势明显,产销量效年年创新高,生产经营业绩持续稳定向好,中国"气大庆"建设欣欣向荣。

20世纪90年代以来,在国家深入推进现代企业制度改革与发展战略的引领下,西南油气田公司全面学习、借鉴和应用国内外现代市场营销理论,科学构建天然气市场营销体系,生动实践天然气市场营销业务,推动天然气市场营销逐步成为西南油气田公司增储上产、拓市增销和提质增效重要业务领域,促使天然气市场营销逐步迈上专业化建设、管理和发展道路，积淀形成了较多、较好、较成熟的天然气市场营销业务成效与管理经验。

为充分整理总结提炼宣介西南油气田公司天然气市场营销标准规范的客户管理理念、制度体系、业务标准、工作规范和管理经验等知识与技能，决定组织撰写出版《天然气客户管理理论与实务》。本书共五篇十七章，内容具有较强的理论指导性、学习研究性、业务专业性、管理适用性和实践操作性。

本书可作为油气田企业各级管理层适时了解"天然气市场营销客户管理是什么、干什么、怎么干"的参考书，对更快更好更优地做出市场营销战略部署和管理决策提供帮助。同时，本书还可作为油气田企业相关业务层学习理论、规范管理、增强能力和提升素质的培训教材与从业手册，对广大市场营销工作者方便快捷地学习掌握提升天然气市场营销客户管理知识与业务技能大有裨益。希望本书更能够吸引和集聚青年读者，积极主动地投身高标准高质量高水平建设中国式现代化能源企业的伟大事业中，为推动我国天然气产业可持续发展、满足市场需求和管理实践创新贡献智慧与力量！

受资料来源、理论认知与编撰水平所限，书中难免有不足之处，欢迎批评与指正。

目录

第一篇 天然气客户管理理论与现状

第一章 现代市场营销客户管理概论 ……………………… 2
第一节 国外现代客户管理理论 ………………………… 3
第二节 国内现代客户管理理念 ………………………… 11
第三节 市场营销与市场销售的区别 …………………… 15

第二章 天然气客户管理基本概述 ………………………… 18
第一节 客户管理概述 …………………………………… 18
第二节 天然气客户管理概述 …………………………… 19

第三章 中国石油天然气客户管理概况 …………………… 22
第一节 中国石油天然气集团有限公司概况 …………… 22
第二节 西南油气田公司概况 …………………………… 25

第二篇 适用政策

第一章 天然气产业政策 …………………………………… 36
第二章 天然气利用政策 …………………………………… 39
第三章 天然气价格政策 …………………………………… 43

i

第四章　天然气行业监管政策 ································ 46

第三篇　客户管理

第一章　天然气客户管理 ································ 50
第一节　客户管理范围 ································ 50
第二节　客户管理制度 ································ 51
第三节　客户管理流程 ································ 53
第四节　客户管理实操 ································ 57

第二章　天然气购销合同管理 ································ 89
第一节　合同管理范围 ································ 89
第二节　合同管理制度 ································ 90
第三节　合同管理流程 ································ 92
第四节　合同管理实操 ································ 93

第三章　客户用气核查管理 ································ 99
第一节　核查范围 ································ 99
第二节　核查制度 ································ 100
第三节　核查流程 ································ 101
第四节　核查实操 ································ 104

第四章　天然气购销偏差结算管理 ································ 106
第一节　偏差结算范围 ································ 106
第二节　偏差结算制度 ································ 108
第三节　偏差结算流程 ································ 109

第四节　偏差结算实操 ··· 111

第四篇　客户服务

第一章　客户经理制 ··· 118
 第一节　客户经理制范围 ··· 118
 第二节　客户经理制制度 ··· 119
 第三节　客户经理制流程 ··· 119
 第四节　客户经理制实操 ··· 120

第二章　满意度调查 ··· 126
 第一节　满意度调查范围 ··· 126
 第二节　满意度调查制度 ··· 127
 第三节　满意度调查流程 ··· 127
 第四节　满意度调查实操 ··· 128

第三章　客户评价 ··· 133
 第一节　客户评价范围 ·· 133
 第二节　客户评价制度 ·· 134
 第三节　客户评价流程 ·· 134
 第四节　客户评价实操 ·· 135

第五篇　应用系统

第一章　客户管理系统 ·· 140
 第一节　公共数据编码平台（MDM）···························· 140

第二节　业务流程审批系统（BPM）……………………… 142

　　第三节　客户关系管理系统（B3）………………………… 143

　　第四节　电子销售系统（C2）……………………………… 145

　　第五节　营销业务管理平台………………………………… 145

　　第六节　系统关系…………………………………………… 147

第二章　合同管理系统……………………………………………… 149

　　第一节　营销业务管理平台………………………………… 149

　　第二节　合同 2.0 系统……………………………………… 152

　　第三节　电子销售系统……………………………………… 155

　　第四节　归集系统…………………………………………… 157

　　第五节　系统关系…………………………………………… 158

第三章　客户服务系统……………………………………………… 159

　　第一节　营销业务管理平台………………………………… 159

　　第二节　客户关系管理系统（B3）………………………… 162

　　第三节　优服宝 APP ………………………………………… 162

　　第四节　系统关系…………………………………………… 170

参考文献……………………………………………………………… 171

第一篇

天然气客户管理理论与现状

近入21世纪，由于国际地缘政治持续动荡、局部冲突战争频发、气候变化加速、"双碳"目标加力和能源竞争加剧等影响，国内天然气资源市场面临"外竞内紧"现象加频多发，"量紧价高"的供不应求已成常态，供需缺口逐年增大，对外依存度达40%以上，年进口气达1500亿立方米以上。因此，本篇基于全球天然气资源市场供应日益步入复杂多变的长期竞争态势，分三章节主要对国际国内现代流行的营销客户管理理论进行归纳概述，分析指出基于客户需求的现代市场营销与传统市场销售二者的特性区别，科学定义天然气客户管理基本概念特点，重点解释中国石油及所属油气田公司在天然气客户客理方面的成功实践。

第一章　现代市场营销客户管理概论

　　在现代经济学理论与企业管理实践中，市场营销是一门重要的经济学科，随着全球经济社会的可持续发展与现代化演进，日渐成为现代企业重要的经营管理活动之一。主要涵盖市场拓展、客户管理、销售管理、客户服务等基础理论和业务实践，在企业拓市增销、提质增效、服务提升、创新发展等日常经营管理过程中发挥的价值创造作用越来越显著。基于大量现代企业经营管理的生动实践，"客户至上、客户是上帝、以客户为中心"等客户管理与服务理念逐步提炼成为现代市场营销学中最核心的理论基础。本章主要对现代市场营销、客户管理和客户服务等理论知识做简要介绍，供读者参考。

第一节　国外现代客户管理理论

一、市场营销理论

"市场营销"一词译自英文"Marketing"。市场营销学是20世纪初起源于美国的新兴学科,当时的营销学仅限于"推销术"和"广告术"。真正的现代营销学在20世纪50年代形成,又称市场学、市场行销或行销学。市场营销是商品或服务从生产者手中移交到消费者手中的一个过程,是企业或其他组织以满足消费者需求为中心进行的一系列活动。现代市场营销学两大理论奠基者,一是被称为"现代营销之父"的美国现代经济学家菲利普·科特勒,提出营销核心实质是对客户的需求管理,给消费者一个有说服力的理由;二是被称为"定位论之父"的美国现代经济学家杰克·特劳特,提出营销核心实质是对同行的竞争管理,营销是创造差异化的行为。基于两位权威学者的营销理论,随着时代进步与发展,在现代市场经济社会活动中,市场营销理论逐步得到完善和丰富。目前,被现代企业广泛学习、研究、应用和创新的市场营销理论主要分为以下六类。

（一）4P 营销理论

美国营销学者杰罗姆·麦卡锡教授（1960）提出的 4P 营销理论（The Marketing Theory of 4Ps）,从企业的发展视角分析,企业营销策略中 Product（产品）、Price（价格）、Place（渠道）和 Promotion（促销）是非常重要的四个要素。通过综合考量这四个因素，制定合理的营销策略，有助于企业获得可观的市场份额，实现营销目标。其理论主要内容如图 1-1 所示。

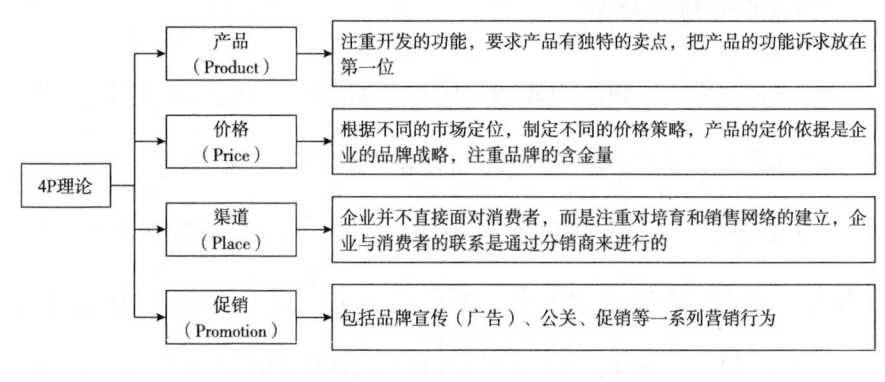

4P理论	内容
产品（Product）	注重开发的功能，要求产品有独特的卖点，把产品的功能诉求放在第一位
价格（Price）	根据不同的市场定位，制定不同的价格策略，产品的定价依据是企业的品牌战略，注重品牌的含金量
渠道（Place）	企业并不直接面对消费者，而是注重对培育和销售网络的建立，企业与消费者的联系是通过分销商来进行的
促销（Promotion）	包括品牌宣传（广告）、公关、促销等一系列营销行为

图1-1　4P理论主要内容

（二）4C营销理论

20 世纪 80 年代，美国学者罗伯特·劳特明在前人研究的基础上，基于客户视角，提出 4C 营销理论（如图 1-2 所示），以消费者为营销的中心。4C 是指顾客（Consumer）、成本（Cost）、便利（Convenience）和沟通（Communication）。该理论认为，顾客需求和顾客满意度是企业制定营销策略的出发点，即降低顾客的购买成本，为顾客提供购买方面的便利，并与顾客进行有效沟通。4C 营销理论是新经济时期的产物，更倾向于如何与顾客进行沟通，而不是专注于产品的开发。

4C营销理论主要内容

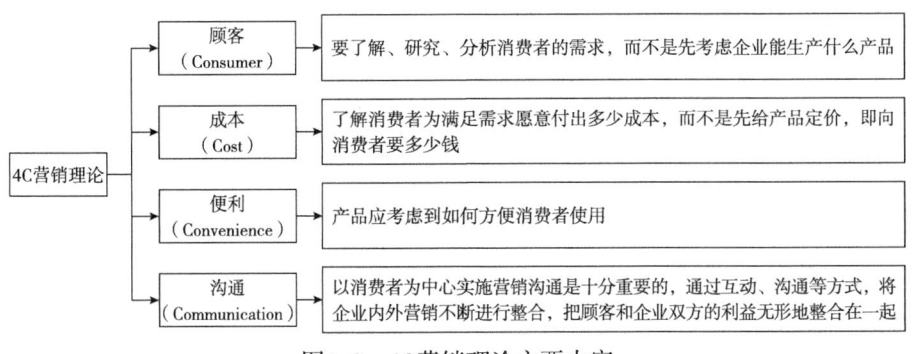

4C营销理论	内容
顾客（Consumer）	要了解、研究、分析消费者的需求，而不是先考虑企业能生产什么产品
成本（Cost）	了解消费者为满足需求愿意付出多少成本，而不是先给产品定价，即向消费者要多少钱
便利（Convenience）	产品应考虑到如何方便消费者使用
沟通（Communication）	以消费者为中心实施营销沟通是十分重要的，通过互动、沟通等方式，将企业内外营销不断进行整合，把顾客和企业双方的利益无形地整合在一起

图1-2　4C营销理论主要内容

（三）4R营销理论

2001年，美国学者唐·舒尔茨在4C营销理论的基础上提出4R营销理论。4R是指通过关联（Relevancy/Relevance）、反应（Reaction）、关系（Relationship/Relation）和报酬（Reward/Retribution）来建立客户关系和增强客户忠诚度的新营销理论，该理论强调企业和顾客是一个利益共同体。因此，企业需要及时满足顾客的需求，与顾客建立长期的友好关系，增强顾客黏性，提高企业竞争力，进而实现顾客和企业双赢的局面。4R营销理论将重点放在客户关系的维护上，通过获得顾客忠诚实现顾客价值，满足企业的长远发展。其理论主要内容如图1-3所示。

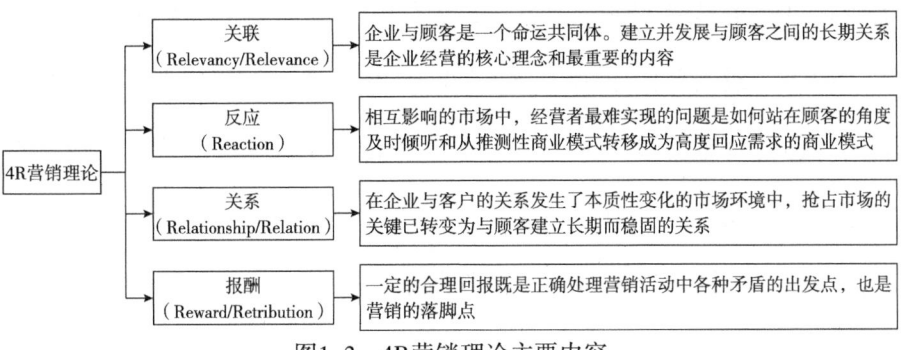

4R营销理论	内容
关联（Relevancy/Relevance）	企业与顾客是一个命运共同体。建立并发展与顾客之间的长期关系是企业经营的核心理念和最重要的内容
反应（Reaction）	相互影响的市场中，经营者最难实现的问题是如何站在顾客的角度及时倾听和从推测性商业模式转移成为高度回应需求的商业模式
关系（Relationship/Relation）	在企业与客户的关系发生了本质性变化的市场环境中，抢占市场的关键已转变为与顾客建立长期而稳固的关系
报酬（Reward/Retribution）	一定的合理回报既是正确处理营销活动中各种矛盾的出发点，也是营销的落脚点

图1-3　4R营销理论主要内容

（四）STP营销理论

STP 理论由市场细分 (Market Segmentation)，目标市场 (Market Targeting)，市场定位 (Market Position) 三个部分组成，通过市场细分选择目标客户，进而以此为依据确定目标市场，最后进行市场定位。其理论主要内容如图 1-4 所示。

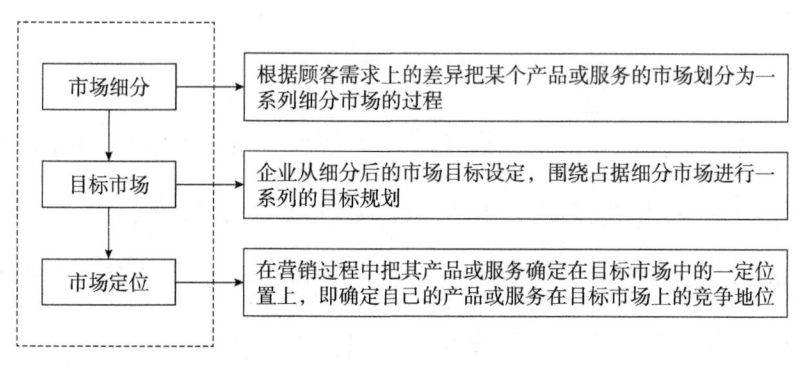

```
市场细分 → 根据顾客需求上的差异把某个产品或服务的市场划分为一系列细分市场的过程

目标市场 → 企业从细分后的市场目标设定，围绕占据细分市场进行一系列的目标规划

市场定位 → 在营销过程中把其产品或服务确定在目标市场中的一定位置上，即确定自己的产品或服务在目标市场上的竞争地位
```

图1-4　STP理论主要内容

（五）互联网营销理论

随着互联网技术的不断发展和普及，传统的市场营销方式已经不能满足现代消费者的需求。互联网营销是企业营销的组成部分，是以互联网为手段展开的营销活动，是电子商务的基础和核心。它是以互联网媒体为基础，以其他媒体为整合工具，并以互联网特性和理念去实施营销活动，更有效地促成品牌提升或个人和组织实现交易活动的营销模式。理论主要架构如图 1-5 所示。

第一篇 天然气客户管理理论与现状

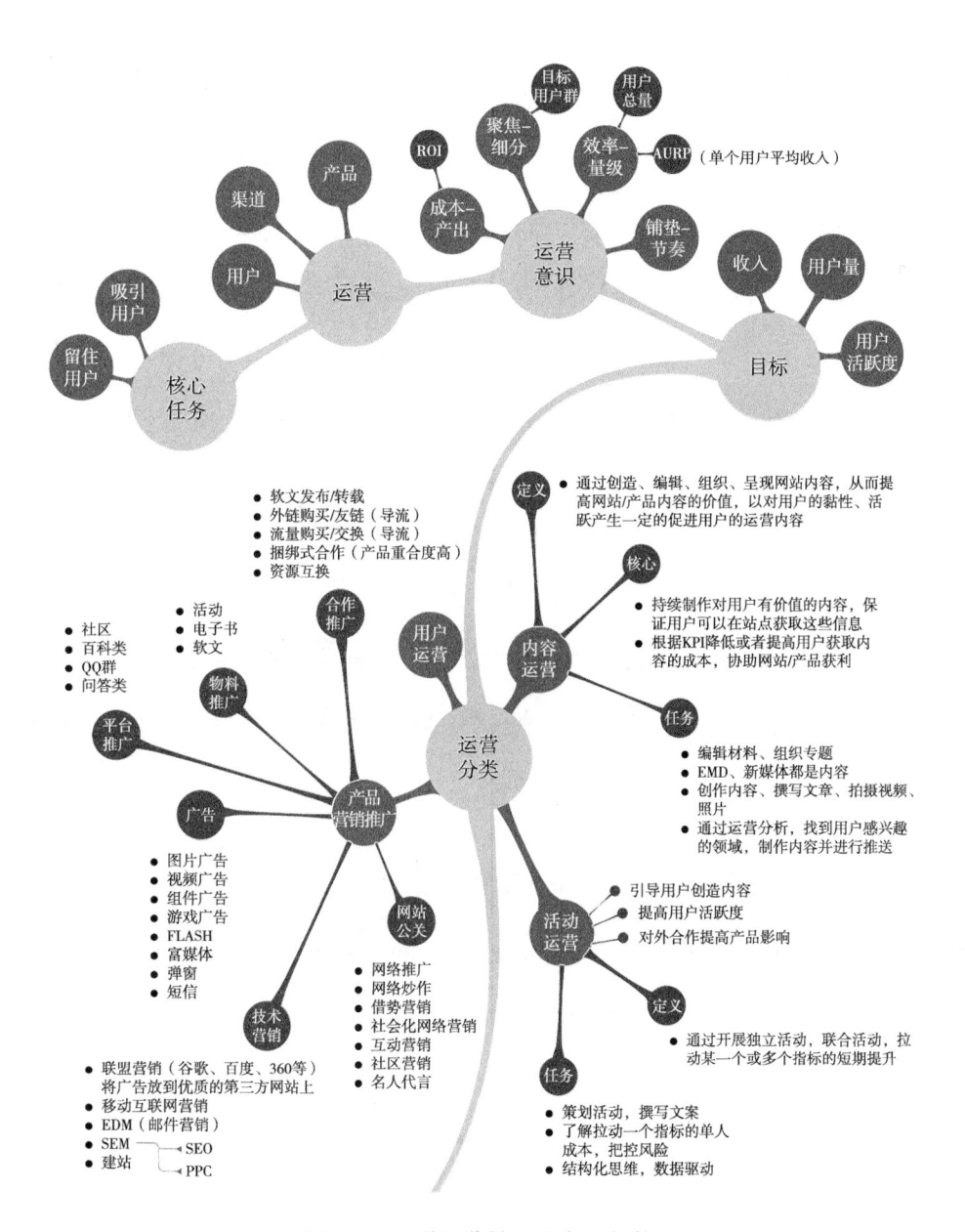

运营意识
- 产品
- 渠道
- 用户
- 成本-产出 (ROI)
- 聚焦-细分（目标用户群、用户总量）
- 效率-量级 — AURP（单个用户平均收入）
- 铺垫-节奏

核心任务
- 吸引用户
- 留住用户

目标
- 收入
- 用户量
- 用户活跃度

运营分类

用户运营
合作推广
- 软文发布/转载
- 外链购买/友链（导流）
- 流量购买/交换（导流）
- 捆绑式合作（产品重合度高）
- 资源互换

物料推广
- 活动
- 电子书
- 软文

- 社区
- 百科类
- QQ群
- 问答类

产品营销推广

平台推广

广告
- 图片广告
- 视频广告
- 组件广告
- 游戏广告
- FLASH
- 富媒体
- 弹窗
- 短信

技术营销
- 联盟营销（谷歌、百度、360等）将广告放到优质的第三方网站上
- 移动互联网营销
- EDM（邮件营销）
- SEM → SEO
- 建站 → PPC

网站公关
- 网络推广
- 网络炒作
- 借势营销
- 社会化网络营销
- 互动营销
- 社区营销
- 名人代言

内容运营
定义：通过创造、编辑、组织、呈现网站内容，从而提高网站/产品内容的价值，以对用户的黏性、活跃产生一定的促进用户的运营内容

核心：
- 持续制作对用户有价值的内容，保证用户可以在站点获取这些信息
- 根据KPI降低或者提高用户获取内容的成本，协助网站/产品获利

任务：
- 编辑材料、组织专题
- EMD、新媒体都是内容
- 创作内容、撰写文章、拍摄视频、照片
- 通过运营分析，找到用户感兴趣的领域，制作内容并进行推送

活动运营
- 引导用户创造内容
- 提高用户活跃度
- 对外合作提高产品影响力

定义：通过开展独立活动，联合活动，拉动某一个或多个指标的短期提升

任务：
- 策划活动，撰写文案
- 了解拉动一个指标的单人成本，把控风险
- 结构化思维，数据驱动

图1-5 互联网营销理论主要架构

（六）智慧营销理论

智慧营销一方面指人脑与电脑、创意与技术、企业文化与企业业务、感性与理性的结合，另一方面指以客户为中心、数据为支撑、互联网技术为基础、产品营销为目的、在营销过程中所产生的创意与创新为核心、个性化的内容为依托，实现企业品牌与实效的融合，实现虚拟与现实的数字化商业创新、精准化营销、加快产品市场交易运作效率的全新营销理念与技术。其理论主要架构如图1-6所示。

图1-6　智慧营销理论主要架构

二、市场营销客户管理理论

在现代市场营销理论和企业管理活动中，客户管理通常是指客户关系管理，其英文名称为 Customer Relationship Management（简称"CRM"）。客户是企业产品的消费利用承载者，客户管理是一个企业从各种不同的角度了解及区别客户，并协调与客户之间在营销、销售和服务上的交互，向客户提供创新式的个性化交互和服务过程。企业通过它来实现企业的生产价值最大化，实现可持续经营发展，其理论基础主要有客户关系管理理论、客户全生命周期管理理论和客户价值评价理论等。其理论主要架构如图1-7所示。

第一篇 天然气客户管理理论与现状

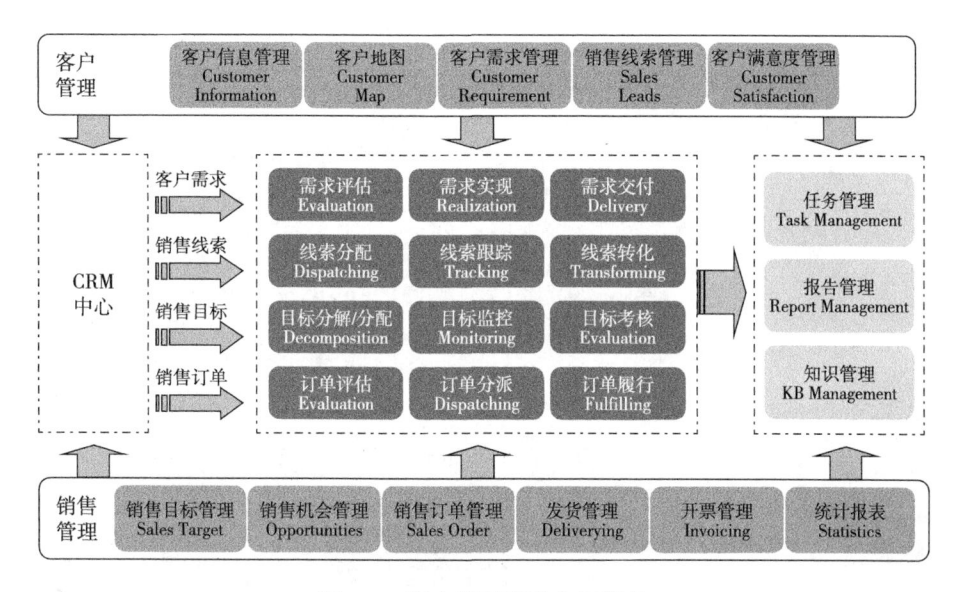

图1-7 客户管理理论主要架构

三、市场营销客户服务理论

在现代经济社会日益激烈的市场竞争环境中，在满足客户需求的同时，以服务客户发展、稳固客户份额和创造客户价值的市场营销管理与实践逐步活跃起来，从日常客户管理中逐步延伸出了一种价值创造和价值创造服务的客户服务理论，其英文名称为 Customer Service，主要体现了一种以客户满意为导向的价值观。广义而言，任何能提高客户满意度的内容都属于客户服务的范围。客户满意度是指客户体会到的他所实际"感知"的待遇和"期望"的待遇之间的差距。客户服务需要建立良好的沟通和协作机制，确保客户的各种需求得到满足。通过专业的客户服务，企业可以赢得客户的信任和忠诚，为长期的服务创造价值打下基础。其理论主要架构如图1-8所示。

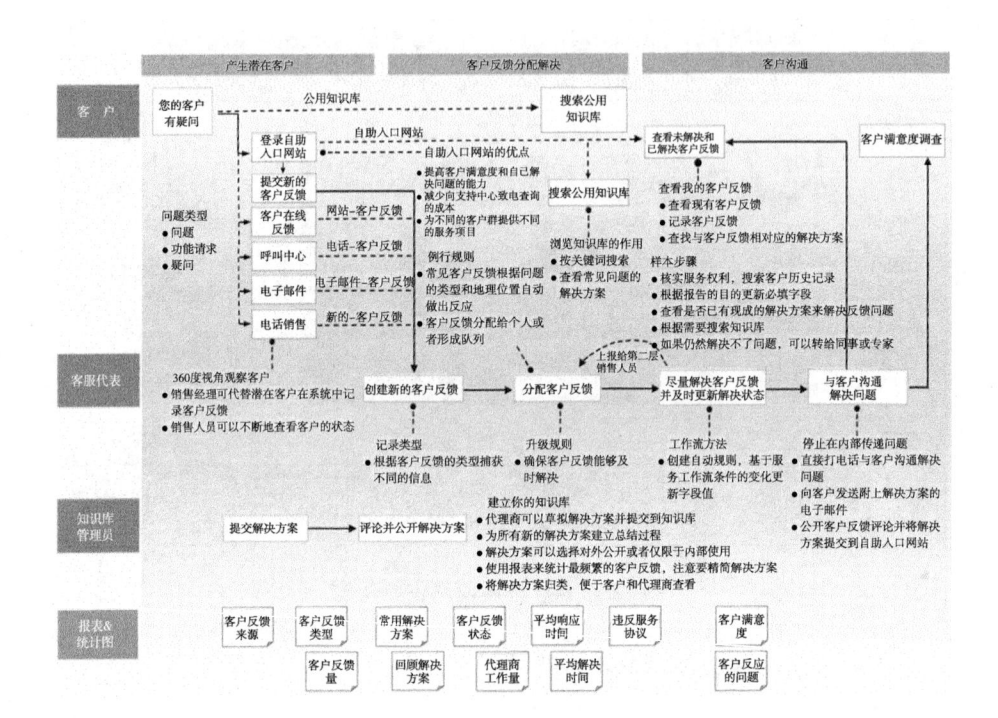

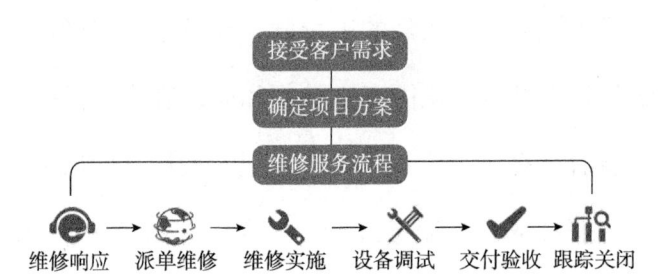

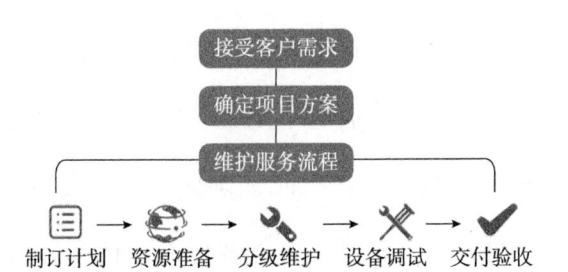

图1-8 客户服务理论主要架构

综上，现代市场营销基础理论不是孤立、分隔和对立的理论个体，而是相互联系、影响与演进的理论体系。随着现代经济社会不断推进的技术革命和产业变革，现代市场营销理论越来越趋向差异化、多样化、多元化发展、丰富与完善。企业在日常生产经营活动中对市场营销理论的应用和融合实践，对现代企业生存发展、价值创造和经济社会进步发挥着重要的支撑、推动与促进作用。

第二节　国内现代客户管理理念

在国家一系列改革开放方针政策的持续推动下，我国社会主义市场经济得到全面建设与蓬勃发展。1978年，市场营销学被正式引入国内。最早开设市场营销学课程的是暨南大学。国内市场营销理论应用研究与实践真正起步于20世纪90年代初，主要是基于国外成熟的现代市场营销理论与企业管理经验，进行广泛引进学习、应用研究和企业实践，逐步形成适合中国特色社会主义市场经济的市场营销理念与客户管理实践。本节主要以格力空调在市场营销、客户管理和客户服务等方面的理论运用研究与实践为例，介绍国内现代市场营销客户管理理念的形成与发展。

一、市场营销理念

1972年，营销战略家杰克·特劳特首创了"定位理论"，颠覆了营销理念。正确的定位，对于一个企业的发展至关重要。鉴于掌握核心科技、质量、服务等竞争优势，结合我国家电行业的情况，格力将自己的产品明确定位"为全球消费者提供技术领先、品质卓越的空调产品"，将格力与海尔、美的等多元化家电企业的空调产品加以区分。与海尔、美的等家电企业不同的是，格力只生产空调。迄今为止，格力是唯一一家坚持专一化经营战略的大型家电企业。专一化生产将会带来很大的风险，当一个企业有一个产品失败的时候，还可以由其他的产品作为补充，格力的做法看似自绝后路，实则是破釜沉舟。正是格力的专一化经营策略，才使格力专注于高质量产品的试验和研究，专注于空调的技术创新和升级，专注于对品牌含金量的锤炼，使格力在消费者心中留下专业、可靠的品牌印象，成为中国民族工业企业的典范之一。

二、客户管理理念

作为国内知名的家电品牌，格力已经在市场中建立了相当不错的声誉，而这一切离不开其良好的客户关系管理。第一，格力的高质量产品为客户与企业建立信任关系奠定了基础。第二，格力积极推进人力资源培养以及技术和管理手段的优化，让客户体验到更专业、更贴心的售后服务，从而加深了客户与企业之间的情感纽带。第三，从产品设计开始，格力就充分考虑了不同消费群体的需求，采取多元化的客户价值定位。第四，格力通过参与捐赠、慈善公益等活动，将品牌形象推向了更高的层次，加强消费者对企业的连接感和信任感，这些都会对消费者选择格力产品和服务产生积极影响。

良好的客户关系建立也意味着企业需要采取多种方式并积极倾听消费者需求。"走进格力"活动便是一个很好的例子，通过让消费者走进企业，深入了解消费者感受，收集反馈意见来优化产品质量，增强客户体验、贴近客户心理。此外，格力还通过网上直播、订单跟踪、智能手机应用等渠道来提高客户使用体验，确保客户在购买、安装、使用和维护过程中都能获得完美体验。

三、客户服务理念

格力将国外先进的客户服务理论与企业结合，形成其特有的一套营销客户服务理念。格力把服务贯穿于企业整个生产经营活动之中，强调售前、售中、售后服务。

（一）售前服务

在产品设计、制造过程中，控制好设计和制造质量，制造出"精品"，不拿消费者当试验品。格力早在1998年就生产出了变频空调，但他们并没有立刻推向市场，因为变频空调在进行恶劣环境测试时发现出风口的导风板由于高温略有变形。为此，有厂商责备格力"太傻""错失良机"。朱江洪却说:"变频空调只是一个方向,但工艺还不成熟,国外也不成熟,让他人先行一步吧。"格力不拿消费者当试验品,对消费者的负责可见一斑,售后服务再好,也只是一种补救措施,而有效的售前服务,能够预防大部分质量问题。

(二)售中服务

正确宣传、引导顾客,让顾客做出正确的购买决策。制定一套严格的管理制度,将责任和义务细化,加强监督,确保各级经销商和特约维修点配合企业做好销售和安装工作。空调行业有句话:"三分质量,七分安装。"由此可见,售中服务对空调的正常使用非常重要。多年来,格力不断加大售中安装规范化管理的力度,不惜耗费大量人力物力,每年对全国范围内服务网点的安装技术人员进行系统和完善的培训,加强售中工作的执行力度。

(三)售后服务

用真一流的服务态度,消除顾客的不满意,使顾客成为忠诚的顾客。格力空调在售后服务方面提出了"十道金牌"承诺:免费上门设计咨询选型;格力专卖店买空调买贵了,差价双倍赔偿;到专卖店购买空调,只要没安装,可以15天内退货、30天内换货;城区内免费送货;终身享受免费预约上门清洗、电气检测;3年内免费移机一次;超保修期材料费、维修费明码标价;购机一年内出现安装问题,奖励200元;购机之日起,120天出现质量问题可退换货;整机6年免费保修。格力的整机6年免费保修相比国家的整机1年保修的标准超出了 5 年。格力在 2007 年发起成立的"退市空调救助中心"为已倒闭、退市的空调提供专业服务。

第三节　市场营销与市场销售的区别

基于现代市场营销基础理论和格力空调营销客服实例介绍，到底什么是市场营销？如何区分现代市场营销与传统市场销售？它们是一回事吗？肯定不是，两者之间的区别主要在以下四方面。

（一）概念不同

1. 市场营销是一个系统，包括：愿景规划、战略制定、市场调研、品牌策划、市场推广、商务谈判、产品销售、客户服务等。起点是目标市场，重点是市场需求，方式是整合市场，目的是通过让顾客满意获取利益。

2. 市场销售是营销的一个部分，包括：制订计划、商业沟通、签订合同、销售产品、回款管理、售后服务等。起点是企业，重点是产品，方式是推销与促销，目的是通过销售产品获取收益。

（二）方向不同

1. 市场营销是以客户需求为导向，并把如何有效发展客户作为首要任务，这是一种由外而内的思维方式。重点是客户需要什么，提供什么。

2.市场销售是以销售产品为导向，以产品或服务来吸引客户，这是一种由内向外的思维方式。重点是有什么产品，卖什么产品。

（三）目标不同

1.市场营销是让产品好卖，是产品的行销策划、市场推广，目标是让销售更简单甚至不必要。利用一切可以利用的渠道和方法，让客户主动来购买产品。

2.市场销售是把产品卖好，是销售已有的产品，目标是将产品卖出去，达成销售行为，获取销售收入。

（四）本质不同

1.市场营销是企业产品的生产者、供应者、经销者和消费者围绕产品和服务开展双向、多向、多赢的价值追求与价值创造，是更高层次的市场销售。

2.市场销售是企业产品的生产者或经销者向客户单向提供产品与服务的行为，追求产品销售收入最大化与销售业绩最优，是直面产品与服务开展的一次性、单一化的市场行为。

综上，现代市场营销与传统市场销售最本质区别在于，提供产品与服务的行为人在思想境界、理论认知和市场实践上的不同。对于现代企业应当清醒地认识到"不干好市场营销，一切生产经营活动都是白干"。总之，现代企业市场营销的本质就是发现客户需求、满足客户需求、服务客户需求，可以这么说，"没有客户，一切营销活动都等于零；不做客服，一切客户迟早都会跑"。还可以说，在信息技术进步、互联网转型发展的新时代，面对世界之变、历史之变、时代之变，现代企业要生存、要发展，其市场营销行为与活动不可能按一成不变的定理、定律、定式来开展，要科学识变、积极应变、主动求变。一句话："市场营销无定式，适应变化很重要，只有把市场营销真正搞懂了，市场销售就易如反掌了。"

第二章 天然气客户管理基本概述

第一节 客户管理概述

一、客户概念及特点

客户是指有购买意愿和需求，并具备购买产品或服务能力的个人、组织或企业。客户通过购买产品或服务来满足自己的需求和期望，并实现经济收入和价值体现。其特点是需求的无限性、意愿的非理性和购买能力的有限性，希望拥有消费主动权，并且期盼着能够获取超越产品的额外价值，被服务的欲望是无止境的。

二、客户管理概念及特点

客户管理是指生产者或经销者通过收集和分析客户信息，把握客户需求特征和行为偏好，积累和共享客户信息，有针对性地为客户提供产品与服务，发展和管理与客户之间的关系，实现客户价值最大化和企业收益最大化的管理方式。其管理特点是以客户为中心、根据客户需求和偏好,提供市场化、差异化和个性化的产品与服务,培养客户长期忠诚度,提高服务满意度。

三、客户服务概念及特点

客户服务是指以客户为对象、以服务为导向,整合及利用企业资源,为满足客户需求、解决问题、提供信息和建立良好的客户关系,提供支持和帮助的活动。广义而言,任何能提高客户满意度的内容都属于客户服务范围。其服务特点是从售前咨询、售中维护和售后支持,到解决客户投诉的服务全过程。主要体现客户服务的专业化、及时性和灵活性。

第二节 天然气客户管理概述

一、天然气客户概念及特点

天然气作为一种优质、高效、便利的清洁能源和化工原料,被广泛地应用于国民经济生产和生活中的各个领域。天然气客户是指使用天然气作为能源的个人、家庭、企业或其他组织,主要为满足生活、供暖、发电、工业生产等方面的能源消费利用需求。成为天然气客户是一个比较复杂过程,涉及产业政策审批、用气项目立项、工程建设、管道连通、投产验收、证照资质办理注册、开户立户审批等系统性工程。其特点包括多样化的客户类型和长期供用气的环保性、安全性、经济性、波动性和不确定性。

二、天然气客户管理概念及特点

天然气客户管理是现代天然气企业市场营销活动的重要一环。是指对党、国家和省市地方政府天然气产业发展和消费利用政策进行宣贯落实，对国内外天然气产供储销资源战略、市场供应、营销策略、管理制度等进行解读执行，对消费利用天然气的客户进行全生命周期管理的过程与活动。它主要涵盖客户发展、客户信息、供用关系、供用气管理等方面。其管理特点包括天然气客户及关系管理的规范性、精准性、适时性、可靠性和价值性。

三、天然气客户服务概念及特点

天然气客户服务是指天然气供销企业基于客户消费利用天然气的特征、规律、差异、喜好的分析研究，适时与客户开展友好平等的有效沟通、相互支持和解决问题等服务互动。主要为消费利用天然气的客户提供全生命周期的业务咨询、培育、指导与服务，是践行"以客户为中心"的全员、全过程、全方位、全天候服务理念的重要体现。主要包括客户需求调查、走访接访、客户经理制、满意度调查、用气评价和信息化服务等活动。其特点包括业务咨询的专业及时性、业务办理的高效快捷性、沟通渠道的友好畅通性、问题解决的安全可靠性、舆情应对的依法合规性、服务质量的高度认可性和服务价值的多赢创造性。

第三章 中国石油天然气客户管理概况

第一节 中国石油天然气集团有限公司概况

1998年，根据国际国内环境的变化和国务院组建国际化大集团、大公司的要求，通过对中国石油天然气总公司业务进一步重组，成立中国石油天然气集团公司，后改制更名为中国石油天然气集团有限公司（简称"中国石油"，英文缩写：CNPC），是国有重要骨干企业和全球主要的油气生产商和供应商之一，是集国内外油气勘探开发和新能源、炼化销售和新材料、支持和服务、资本和金融等业务于一体的综合性大型油气及化工能源公司之一。在国内油气行业企业综合排名第一，在全球三十余个国家和地区开展油气投资业务。2023年，在全球最有价值的50个石油和燃气品牌排行榜中位居第三，在《财富》杂志全球500家大公司排名中位居第五。在新时代新征程上，始终秉持"绿色发展、奉献能源、为客户成长增动力、为人民幸福赋新能"的价值追求，加快建设基业长青世界一流的综合性国际能源公司。

一、管理架构

中国石油作为国内油气及化工行业上中下游一体化运营企业，始终站在"两个大局"高度，准确把握能源转型大趋势，坚持创新、资源、市场、国际化、绿色低碳战略，统筹利用好"两种资源、两个市场"，保障国家能源安全，保障油气市场平稳供应，为世界提供优质安全清洁和可持续供应的能源产品与服务。其市场营销客户管理架构主要为原油、天然气、石油炼化及新能源等产品的市场开发、客户发展、营销管理与客户服务的管理体制与运营机制。天然气客户管理架构如图1-9所示。

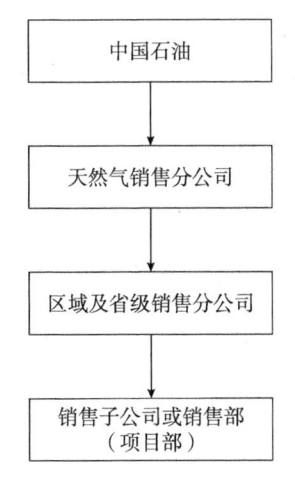

图1-9 天然气客户管理基本架构

二、管理理念

（一）市场营销

中国石油的市场营销理念是"因国家油气资源需要而兴，因油气市场化改革发展而进，因保障国家能源安全而强"。从 1999 年成立天然气销售与管道分公司以来，历经多次专业化重组、机构改制和体制改革，天然气一体化统筹、市场化运作、专业化发展和精益化管理等理念逐渐成熟起来。中国石油在 2020 年明确提出"市场导向、客户至上，以销定产、以产促销，一体协同、竞合共赢"的 24 字市场营销工作方针，将"坚持把市场战略作为行动引领、把市场占有作为关键指标、坚持把量效齐增作为根本目的、坚持把数字化平台作为重要支撑、坚持把改革开放作为关键一招、坚持把党的领导作为根本保证" 6 个坚持作为市场营销基本遵循。到 2025 年，中国石油全面完成由生产型向经营型转变，市场营销业务基本实现高质量发展，到 2035 年，基本建成基业长青世界一流综合性国际能源公司。到 21 世纪中叶，油气产量当量稳居国内第一，实现现代化市场营销，全面建成基业长青世界一流综合性国际能源公司。

（二）客户管理

中国石油始终坚持"以客户为中心"的管理理念，深度挖掘客户需求，把客户成长作为企业成长的源头活水，持续加快产业转型升级，不断增加绿色低碳、清洁高效的能源和产品供给，以更安全更可靠的产品助力客户发展，实现企业与客户共同成长。主要包括油气及炼化客户信息管理、优质产品和服务、建立良好的客户关系、客户体验管理、个性化定制和对客户反馈的持续改进，力求成为客户首选的合作伙伴，实现共同发展和共赢。

（三）客户服务

中国石油始终秉承"客户至上"的服务理念，把满足客户需求作为企业服务的核心价值追求之一，以健全的客户全生命周期服务方式方法，以更优质更便捷更可靠的客户服务创造价值，赢得客户的信赖、满意与忠诚。主要包括专业化服务和周到体贴、高效便捷的服务质量保证。通过培训和提升员工的专业知识和技能，确保能够提供专业、准确、及时的服务，并及时回应客户的问题和反馈。同时，以服务的规范化、标准化和高效化，全面构建客户服务质量跟踪、管理与评价体系，坚定地致力于建设成为客户最信任最满意的国际知名、国内一流的专业能源服务供应商。

第二节　西南油气田公司概况

西南油气田公司隶属中国石油，由原四川石油管理局（1958年成立）在1999年重组改制成立，是我国西南地区最大的天然气生产和供应企业。西南油气田公司深耕四川盆地60余年，建立了我国第一个完整的天然气工业体系。主要负责四川盆地的油气勘探开发、天然气输配、储气库以及川渝地区的天然气销售和终端业务。近年来，西南油气田公司致力于寻找大场面、建设大气田，勘探上统筹"海陆并举、常非并重、油气兼顾"，形成了四个万亿级增储新阵地、四大上产工程，新增天然气地质储量超万亿立方米。2022年，天然气产量达到383.4亿立方米，增量占中国石油增量的38%，油气当量达到3061.8万吨，成为中国石油第四个跨入3000万吨油气当量行列的大油气田；2023年高质量建成400亿立方米战略大气区，天然气产量达到420.3亿立方米，增速达到7.8%。预计到2025年，建成国内最大的天然气生产企业，年产量达500亿立方米以上，年度产量占中国石油30%以上；到2030年，建成国内最大天然气工业基地，年产量达800亿立方米以上，并实现稳产20年。目前是中国石油旗下唯一一家具备天然气产供储销完整产业链的一体化综合性地区能源公司。

一、管理架构

西南油气田公司是川渝地区主要的天然气生产商和供应商，经过多年的生产经营和市场拓展，管理与服务的天然气客户遍及川渝云贵等省市县乡镇村地区。目前，在川渝地区培育了成熟的天然气产业链和消费市场，促使天然气在川渝地区一次能源消费结构中约占20%，高于全国9%的平均水平，行业利用率达到80%。拥有天然气直供客户数达750家以上，占中国石油天然气客户数四分之一，转供终端大中型工业客户1000余家和城市终端居民户数达2500多万户。促进川渝地区城镇气化率达98%，远高于全国55%的平均水平。天然气年销售规模达300亿立方米以上，在中国石油天然气销售省公司序列排名前列。经过近30年天然气市场营销专业化管理与客户服务实践，西南油气田公司在天然气市场营销、客户管理、客户服务等方面取得了一系列具有川渝特色的管理经验与服务成效，在天然气工业基地建设、成渝地区双城经济圈、保障国家能源安全等方面发挥着重要作用。天然气客户管理基本架构如图1-10所示。

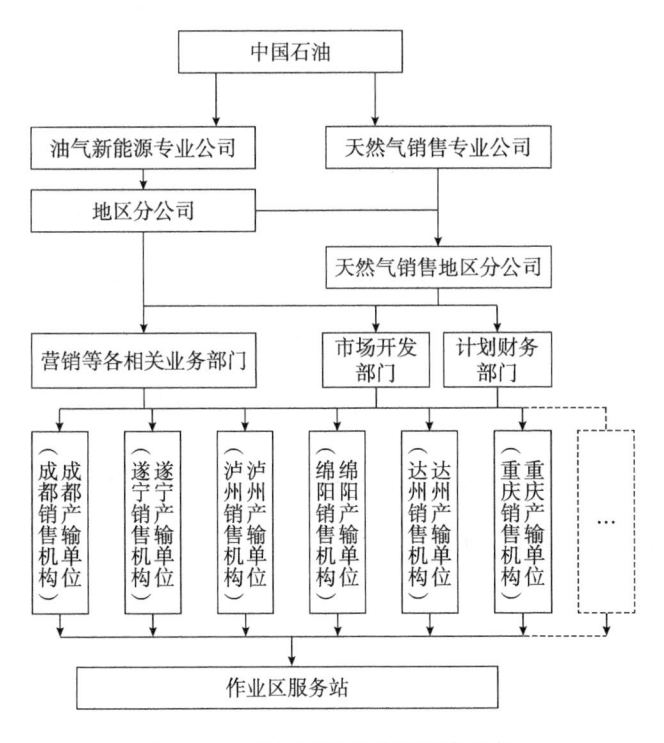

图1-10 天然气客户管理基本架构

二、管理理念

（一）市场营销

在长期的天然气市场营销管理与服务实际工作中，西南油气田公司实践提炼形成了具有天然气产供储销一体化企业特色的市场营销管理理念和方法，科学提出统领市场营销工作的"科学营销、合规营销、和谐营销、廉洁营销"四个理念；秉承发扬"敢做、会做、实做、久做"的"四做"市场营销精神，努力践行"不以量小而不为、不以利小而不为、不以麻烦而不为"的"三不"营销态度；精耕细作"一周一信息、一月一对接、一季一回访、一年一评估"的"四个一"市场营销工作法。进入新时代，在国家持续推进天然气市场化改革的要求下，在全国逐步建设形成的"X+1+X"天然气市场化机制的驱动下，西南油气田公司全面贯彻落实中国石油提出的24字市场营销工作方针和6个基本遵循，增强全员市场营销意识，积极建设"以市场为导向，以客户为中心，以价值创造为核心"的市场营销新模式，努力打造建设川渝天然气市场营销样板。同时，树立市场营销品牌意识，创新打造营销业务管理信息化平台、优服宝APP等"天然气智慧营销"品牌，推动从"坐商"到"行商"再到"慧商"的全面转变，坚定走信息化、数字化、智慧化市场营销的创新转型发展之路。

（二）客户管理

天然气客户管理是西南油气田公司营销的重要一环，始终坚持以市场为导向，以客户为中心，对客户开展全生命周期营销管理，主要包括市场开发、市场营销、结算收款和信息化建设应用等4大类管理与服务活动。目前，具体细分为战略规划、市场开发、营销策略、营销计划、购销合同、销售监控、线上交易、结算统计、货款回收、分析预测等10项。具体管理架构如图1-11所示。

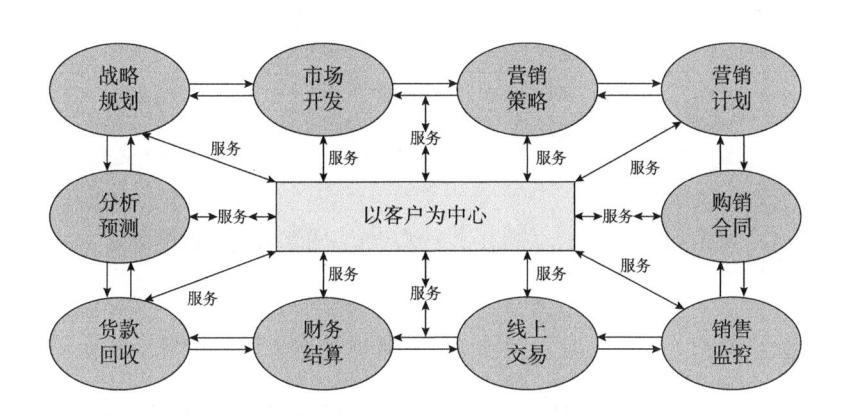

图1-11 西南油气田公司天然气客户管理架构

天然气客户市场营销管理是以客户管理为中心，对客户全面开展售前、售中、售后的管理与服务，具体包括营销策略、营销计划、购销合同、销售监控、线上交易、结算统计、货款回收、分析预测等8大项客户管理与服务活动。目前，具体细分为客户档案、客户资质、客户关系、结构核查、客户信息化与应用；合同方案制定、文本修订、签约组织、履约监管、偏差结算、合同信息化与应用；客户经理、满意度调查、客户评价、客服信息化与应用等 15 项。具体管理架构如图 1-12 所示。

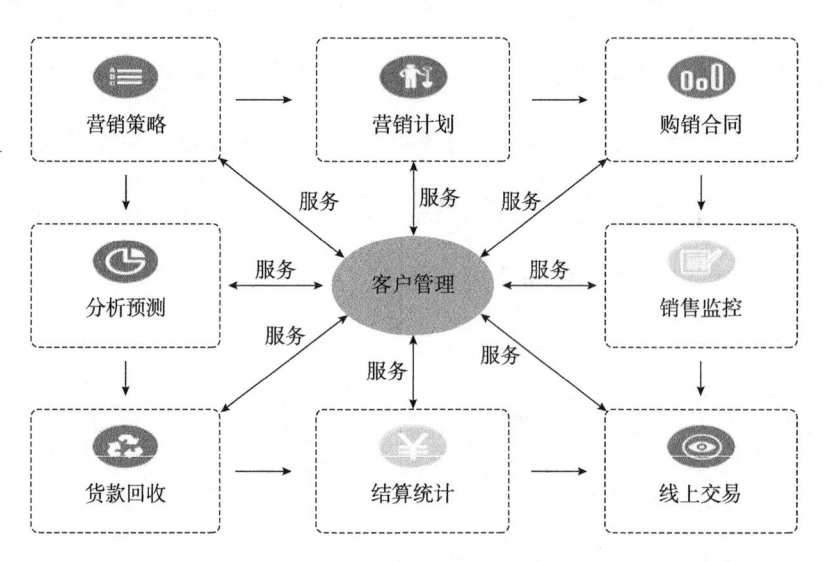

图1-12　西南油气田公司天然气客户市场营销管理架构

截至 2023 年，公司直供天然气客户数量持续增加，实际用气直供客户 750 家以上，占中国石油天然气直供客户数的 27.67%。年销量规模持续扩大，2023 年突破 320 亿立方米。客户特点主要表现在数量多，分布广，行业全；用气不均衡，居民占比高，城镇气化率高，保供责任大；城燃客户、气电客户用气波动大，季节峰谷差大，化工化肥用量大、占比高。西南油气田公司天然气客户管理主要特性如图 1-13，图 1-14，图 1-15 所示。

第一篇 天然气客户管理理论与现状

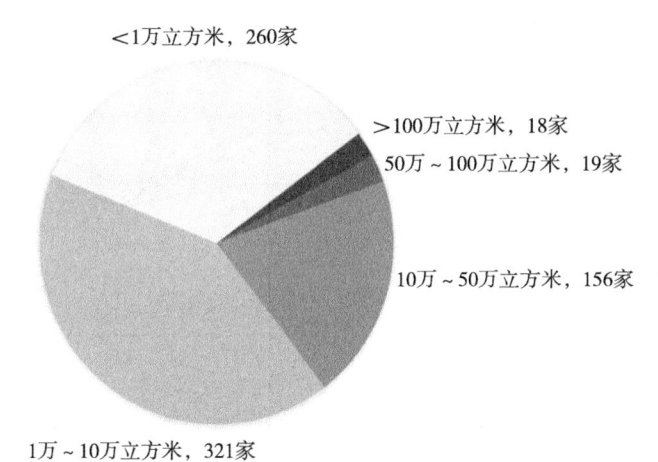

<1万立方米，260家
>100万立方米，18家
50万~100万立方米，19家
10万~50万立方米，156家
1万~10万立方米，321家

图1-13 油气田公司客户用气规模分布

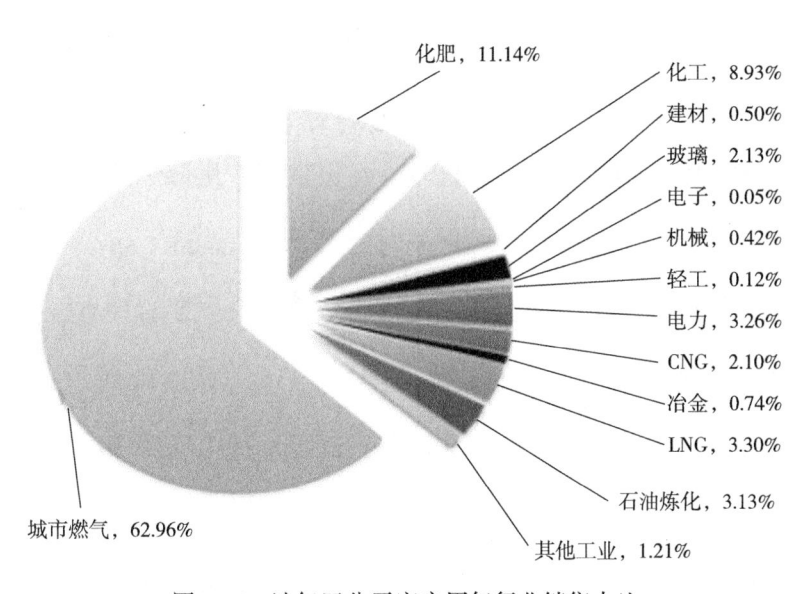

化肥，11.14%
化工，8.93%
建材，0.50%
玻璃，2.13%
电子，0.05%
机械，0.42%
轻工，0.12%
电力，3.26%
CNG，2.10%
冶金，0.74%
LNG，3.30%
石油炼化，3.13%
其他工业，1.21%
城市燃气，62.96%

图1-14 油气田公司客户用气行业销售占比

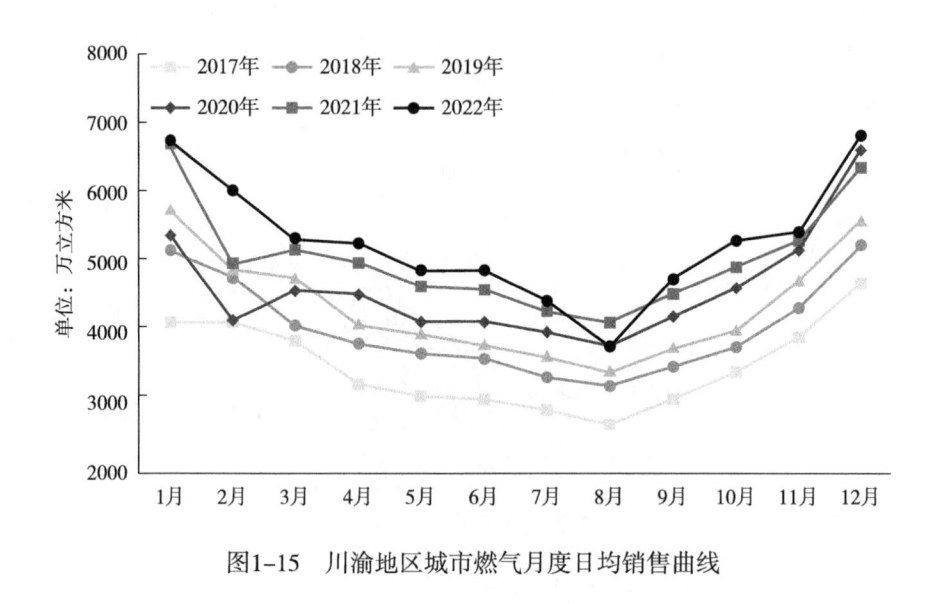

图1-15 川渝地区城市燃气月度日均销售曲线

（三）客户服务

在天然气市场营销工作中，西南油气田公司依托中国石油平台吸引客户，结合全生命周期客服理念，积极跟踪市场，服务客户，构建忠诚客户群，始终坚定地树牢全员客服意识，建立健全产业、全业务和全天候客服联动与互动工作机制，在天然气产供储销的各环节、各领域和各时段，切实做到与客户及时对接、友好沟通、耐心解释、合规走访、热情接访等诚信服务，促进客户全生命周期管理与服务的价值创造。具体管理形态与服务价值如图1-16、图1-17所示。目前，在日常市场营销服务中工作中，构建实施了三种市场营销客户服务体系与服务机制，一是在西南油气田公司上下全面建立推行客户经理制，明确客户经理履行"形势宣传员、政策解读员、任务执行员、关系协调员、信息传递员"服务职能，分户适时开展"一对一"式客户服务。二是充分听取客户意见建议，建立健全双向评价体系，完善客户满意度调查法、用气价值评价法和分析报告反馈制度，实施客户服务在线调查与用气评价，适时分析，适时解决，适时反馈，竭力维护企业形象，持续保持较高客户满意度、美誉度与忠诚度。三是基于客户信息化服务管理与需求，设计开发应用优服宝APP客服平台，推动西南油气田公司与客户24小时在线业务信息化交流、移动管理与服务。努力让客户在西南油气田公司天然气产购储销全业务链上，充分地活起来、动起来，把价值创造出来。目前，西南油气田公司市场营销客户服务主要包括客户经理制、满意度调查、客户评价和客服信息化应用4个方面。

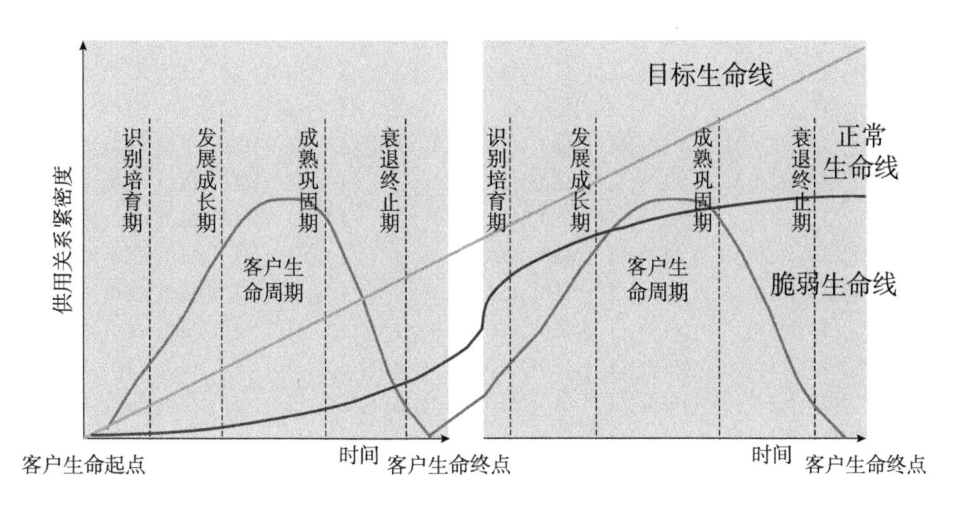

图1-16　天然气客户全生命周期基本形态示意图

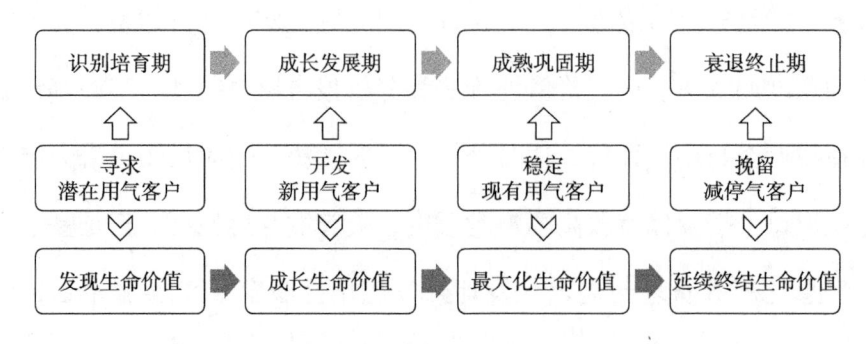

图1-17 天然气客户全生命周期管理与服务示意图

第二篇

适用政策

  天然气是一种特殊的能源商品，它既具有能源属性，又具有商品属性，还具有金融属性，更具有政策属性。自20世纪50年代以来，在我国大力开发建设与改革发展天然气产业进程中，为保障天然气行业企业和市场主体健康有序地可持续发展，天然气的勘探开发、生产经营和市场营销等活动，一直在国家、地方政府科学制定与出台的政策指引下合规有序有效地开展。目前，主要适用政策分为天然气产业政策、利用政策、价格政策和监管政策。这四类政策科学全面有力有效地贯彻实施，为我国天然气产业发展、行业进步和企业成长起到了极为重要的指导规范与保驾护航的作用。

第一章 天然气产业政策

从相关资料和网络信息查悉,在推动天然气产业发展的进程中,改革开放政策一直伴随左右,并适时地理顺天然气产业关系、运行机制和发展政策。每一次重大进步都有标志性事件发生或者政策出台。早在1998年9月国家发展计划委员会组织召开全国天然气利用工作会议,会上确定了两件重要议项政策:一是由国家发展计划委员会组织开展全国天然气规划研究;二是由中国石油牵头负责组织开展西气东输研究,正式拉开了我国天然气产业发展大幕。2000年,国务院批准西气东输项目,2004年全线投产和正式商业运作,标志着中国天然气产业由启动期进入大发展时期。2006年大鹏LNG接收站建成,中国成为天然气进口国;2009年年底,中亚天然气管道投产,中国开始进口管道气。2010年中国天然气消费突破1000亿立方米大关,首次进入千亿消费国的行列。2012年年底西气东输二线全线投产,标志着中国天然气管道迈上新台阶,全国性管网系统逐步形成。此时,中国天然气的消费模式也发生了变化,由"供应驱动消费"向

"需求拉动消费"逐渐转变。

2016年年底，中共中央提出"北方清洁采暖"的要求，使"煤改气"成为重要的环保抓手。2017年，中国天然气消费市场创造历史新高，全国消费量突破2000亿立方米，年增量350亿立方米，一度呈现供应紧张甚至"气荒"的局面。2017年5月中共中央、国务院发布了《关于深化石油天然气体制改革的若干意见》(中发〔2017〕15号)，提出了油气体制改革的方向，进一步推动天然气产业步入市场化改革发展期。2019年年底中俄东线北段投产，国内天然气消费跃上新台阶，消费量突破3000亿立方米。同年12月，国家发展改革委发布了《关于促进生物天然气产业化发展的指导意见》(发改能源规〔2019〕1895号)，建立生物天然气多元化消费体系，开拓生物天然气在城镇居民炊事取暖、并入城市燃气管网、发电、交通燃料、锅炉燃料、工业原料等领域的应用。随着天然气产业的日益成熟，2022年1月，国家发展改革委和国家能源局发布了《"十四五"现代能源体系规划》(发改能源〔2022〕210号)，天然气管网全国联网覆盖范围进一步扩大，并统筹推进地下储气库、液化天然气（LNG）接收站等储气设施建设。2022年3月，国务院发布了《关于加快建设全国统一大市场的意见》，明确推动油气管网设施互联互通并向各类市场主体公平开放，稳妥推进天然气市场化改革，加快建立统一的天然气能量计量计价体系。目前，西南油气田公司适用的天然气产业主要政策见表2-1。

表 2-1 西南油气田公司适用的天然气产业主要政策表

序号	文件名称	文件编号	发布机构	颁布（实施）时间	政策意义
1	关于深化石油天然气体制改革的若干意见	中发〔2017〕15号	中共中央、国务院	2017年5月	提出了油气体制改革的方向，进一步推动天然气产业步入市场化改革发展期
2	关于促进生物天然气产业化发展的指导意见	发改能源规〔2019〕1895号	国家发展改革委、国家能源局、财政部等十部委	2019年12月	开拓生物天然气在城镇居民炊事取暖、并入城市燃气管网、发电、交通燃料、锅炉燃料、工业原料等领域的应用
3	"十四五"现代能源体系规划	发改能源〔2022〕210号	国家发展改革委和国家能源局	2022年1月	天然气管网全国联网覆盖范围进一步扩大，并统筹推进地下储气库、液化天然气（LNG）接收站等储气设施建设
4	中共中央、国务院关于加快建设全国统一大市场的意见	/	中共中央、国务院	2022年3月	明确推动油气管网设施互联互通并向各类市场主体公平开放，稳妥推进天然气市场化改革，加快建立统一的天然气能量计量计价体系

第二章 天然气利用政策

从有关资料信息中查知，2007年8月国家发展改革委《关于印发天然气利用政策的通知》出台第一版天然气利用政策，明确天然气利用分为优先类、允许类、限制类和禁止类四类。随着天然气市场的快速发展，2012年10月，国家发展改革委发布新版《天然气利用政策》（2012年第5号令），该政策对天然气利用分为优先类、允许类、限制类和禁止类四类范围作了明确界定，如重点优先发展和保障城市燃气，积极鼓励和支持天然气分布式能源、天然气热电联产、天然气汽车、LNG燃料船舶等综合利用效率高的项目。为了响应国家供给侧改革和产业结构性调整的政策，加快推进天然气利用成必然之势。

2016年12月国家能源局下发了《关于加快推进天然气利用的意见》（征求意见稿）。2017年6月，国家13部委又联合印发《加快推进天然气利用的意见》（发改能源〔2017〕1217号），明确提出实施城镇燃气工程、实施天然气发电工程、实施工业燃料升级、实施交通燃料升级工程四项重点任务。明确要求逐步将天然气培育成为我国现代清洁能源体系的主体能源之一。并取消了以往对于天然气实施的优先类、允许类、限制类、禁止类等分级利用举措。2023年9月，国家能源局综合司发布《天然气利用政策（征求意见稿）》（简称"征求意见稿"）。与2017年《加快推进天然气利用的意见》相比，征求意见稿对于天然气利用的政策从"加快推进"转向了"稳中求进、以进促稳、先立后破"的利用导向。对具体利用领域和利用顺序进行优化调整，鼓励、引导和规范天然气的利用，优化天然气的消费结构，促进天然气在新型能源体系建设中发挥更大作用，推动我国天然气产业协调、稳定、高质量发展。

2024年6月国家发展改革委发布《天然气利用管理办法》（简称《办法》），共16条，以"规范天然气利用，优化消费结构，提高利用效率，促进节约使用，保障能源安全"为目标，明确天然气利用总体原则、适用范围、管理部门及支持方向，进一步引导天然气市场规范有效发展。自2024年8月1日起施行。

《办法》中新增了五类优先类用户，第一类是已纳入国家级规划计划，气源已落实、气价可承受地区按照"以气定改"已完成施工的农村清洁取暖项目（含居民炊事、生活热水等用气）；第二类是气源落实、具有经济可持续性的天然气调峰电站项目；第三类是带补燃的太阳能热发电项目；第四类是远洋运输、工程、公务船舶以及开发、利用和保护海洋的海洋工程装备（含双燃料和单一液化天然气燃料）；第五类是油气电氢综合能源供应项目、终端天然气掺氢示范项目等高精尖天然气安全高效利用新业态。与此同时，将燃气空调、作为可中断用户的天然气制氢项目、城镇中具有应急和调峰功能的天然气储存设施、煤层气（煤矿瓦斯）发电项目等从优先类中删除。

限制类、禁止类和允许类的内容也均做了不同程度的调整。以天然气为原料生产甲醇及甲醇生产下游产品装置、以天然气代煤制甲醇项目由禁止类调整为限制类；限制类新增了农村清洁取暖项目，与征求意见稿相比，删除"煤改气"清洁取暖；允许类新增将炼油、化工企业加氢装置配套天然气制氢项目，与征求意见稿相比，增加钢铁冷轧配套的天然气制氢项目。

《办法》指出，天然气利用坚持产供储销体系协同，供需均衡、有序发展；坚持因地制宜、分类施策，保民生、保重点、保发展。"新建天然气利用项目应落实气源，与供气企业落实　购气协议或合同，并确保项目布局与管网规划等相衔接；已用气项目供用气双方要落实合同保障。"

目前，油气田公司适用的天然气利用主要政策见表2-2。

表 2-2 西南油气田公司适用的天然气利用主要政策表

序号	文件名称	文件编号	发布机构	颁布（实施）时间	政策意义
1	天然气利用政策	2012年第15号令	国家发展改革委	2012年12月	西气东输二线全线投产，标志着中国天然气管道迈上新台阶，全国性管网系统逐步形成。消费模式由"供应驱动消费"向"需求拉动消费"逐渐转变。响应国家供给侧改革和产业结构性调整的政策，加快推进天然气利用成必然之势
2	关于印发《加快推进天然气利用的意见》的通知	发改能源〔2017〕1217号	国家发展改革委、科技部、工业和信息化部等十三部委	2017年6月	明确天然气利用分为优先类、允许类、限制类和禁止类四类。逐步将天然气培育成为我国现代清洁能源体系的主体能源之一
3	关于加快推进天然气利用的意见（征求意见稿）	渝发改油气〔2018〕772号	国家能源局	2018年7月	促进天然气在新型能源体系建设中发挥更大作用，推动我国天然气产业协调、稳定、高质量发展
4	天然气利用管理办法	中华人民共和国国家发展和改革委员会令第21号	国家发展改革委	2024年6月	"规范天然气利用，优化消费结构，提高利用效率，促进节约使用，保障能源安全"为目标，明确天然气利用总体原则、适用范围、管理部门及支持方向

第三章 天然气价格政策

从有关资料信息获悉，我国天然气价格是由政府定价逐步改革发展过渡为市场化定价，先后6次调整天然气价格政策，一是完全计划价格管理模式阶段（1953—1983年）；二是"双轨制"价格阶段（1984—1993年）；三是国家定价和国家指导价并存的价格管理（1994—2005年）；四是统一实行国家指导价（2005—2011年）；五是天然气与可替代能源价格挂钩机制，即非居民分省区门站价格（2012—2014）；六是居民和非居民门站价格并轨（2015年至今），引导天然气价格逐步从政府定价向市场化迈进。随着天然气价格持续深入的市场化改革，天然气价格政策逐渐丰富，地方政府和国家陆续出台了一系列配套价格政策。如2011年在两广地区试点天然气市场净回值定价；在2013年、2014年两轮天然气价格改革的基础上，存量气和增量气价格并轨，试点放开非居民直供用户价格，试点替代燃料的价格变化情况下调非居民用气价格，上调居民价格，逐步推进居民和非居民用气价格并轨，并进一步放开价格管制。

2013年7月，区分存量和增量气，将价格管理由出厂环节调整为门站环节。2015年4月开始，存量和增量气价格并轨，并试点放开非居民直供用气价格，陆续出台《天然气管道运输价格管理办法（试行）》（发改价格规〔2016〕2142号）、《天然气管道运输定价成本监审办法（试行）》（发改价格规〔2021〕818号）和《天然气管道运输成本价格信息编制和报送规范》等。自2016年国家发展改革委未再按照价格公式调整国内天然气门站价格，2017年以来调价主要增值税率调整，执行价格为上海基准门站价格2.04元/立方米，相当于挂钩国际原油58美元/桶水平。2018年国家发展改革委出台文件，明确居民、非居民基准门站价格并轨，一年后居民用气价格允许最高上浮20%；实际运行中受国家疫情防控和宏观调控等政策影响，直至2022年居民门站价格仍只允许上浮5%，自2023年4月起允许上浮15%，天然气价格市场化并轨指日可待。目前，西南油气田公司适用的主要天然气价格政策见表2-3。

表2-3 西南油气田公司适用的天然气价格主要政策表

序号	文件名称	文件编号	发布机构	颁布（实施）时间	政策意义
1	中共中央、国务院关于推进价格机制改革的若干意见	中发〔2015〕28号	国家发展改革委	2015年10月	加强和完善天然气管道运输价格管理，规范定价成本监审行为
2	天然气管道运输价格管理办法（试行）	发改价格规〔2016〕2142号	国家发展改革委	2016年10月	区分存量和增量气

续表

序号	文件名称	文件编号	发布机构	颁布（实施）时间	政策意义
3	天然气管道运输定价成本监审办法（试行）	发改价格规〔2021〕818号	国家发展改革委	2016年10月	将价格管理由出厂环节调整为门站环节
4	天然气管道运输成本价格信息编制和报送规范		国家发展改革委	每年6月1日前更新	存量和增量气价格并轨，并试点放开非居民直供用气价格
5	2023年管输费等调整文件				
6	近年来价格文件				

第四章 天然气行业监管政策

1987年10月原国家计委、原国家经委、财政部、原石油部发布的《天然气商品量管理暂行办法》(计燃〔1987〕2001号)作为第一个正式的国家监管政策出台,共七章三十六条,主要对天然气商品量的分配管理,天然气的输送管理,商品期供用合同管理,气质、计量、计价和结算管理,违章等进行明文规定与实施要求。随着天然气产业、行业企业和消费利用的持续快速发展,天然气行业监管政策越来越多、范围越来越广、力度越来越强。在2015年5月,国务院发布《国务院关于取消非行政许可审批事项的决定》(国发〔2015〕27号),公布取消事项目录中的第十项为"天然气商品量分配计划审批";在2016年8月《加强地方输配价格监管降低企业用气成本的通知》(发改价格〔2016〕1859号),明确规定不得增加不必要供气环节和收费。从2016年起,逐步明确建立三层价格监审、定期校核机制。对跨省长输管道价格由一线一价向区域运价率转变,由国家发展改革委核定;省内短途管道按"准许成本+合理收益"核定,由省级价格主管部门管理；城镇燃气配气价格按准许成本加合理收益核算，准许收益率不超 7%，由地方价格主管部门管理。价格应定期校核，校核周期原则上不超过 3 年。

在 2020 年国家发展改革委印发《关于加强天然气输配价格监管的通知》(发改价格〔2020〕1044 号)，明确梳理供气环节减少供气层级，合理制定省内管道运输价格和城镇燃气配气价格，严格开展定价成本监审。在 2021 年 5 月，国家能源局发布了《天然气管网和 LNG 接收站公平开放专项监管工作的意见》(国能综通监管〔2021〕64 号)，明确管道运输价格采取分区核定运价率，按路径形成价格，并按照"准许成本加合理收益"的方法，完善制定进口液化天然气接收站气化服务定价机制等。2023 年 1 月，国家能源局发布了《2023 年能源监管工作要点》(国能发监管〔2023〕4 号)，明确深化油气管网设施公平开放监管。指导做好 LNG 接收站等设施高质量公平开放，服务天然气保供稳价。并加快出台天然气管网设施托运商准入规则，指导管网运营企业优化完善管网设施容量分配相关操作办法。对天然气产运储销贸各环节加强监管，有利于促进天我国天然气产业行业企业依法合规地可持续健康高质量大发展。2024 年 1 月，国家能源局发布了《2024 年能源监管工作要点》(国能发监管〔2024〕4 号)，修订出台《油气管网设施公平开放监管办法》，开展油气管网设施公平开放专项监管，重点检查油气管网设施运营企业落实信息公开和报送、独立核算、服务合同履约、公平开放服务等情。

目前，西南油气田公司适用的天然气产业政策见表2-4。

表2-4 西南油气田公司适用的天然气行业监管主要政策表

序号	文件名称	文件编号	发布机构	颁布（实施）时间	政策意义
1	天然气商品量管理暂行办法	计燃〔1987〕2001号	国家计委、国家经委、财政部、石油部	1987年10月	对天然气商品量的分配管理，天然气的输送管理，商品期供用合同管理，气质、计量、计价和结算管理，违章等进行明文规定与实施要求
2	国务院关于取消非行政许可审批事项的决定	国发〔2015〕27号	国务院	2015年5月	公布取消事项目录中的第十项为"天然气商品量分配计划审批"
3	加强地方输配价格监管降低企业用气成本的通知	发改价格〔2016〕1859号	国家发展改革委	2016年8月	规定不得增加不必要供气环节和收费
4	关于加强天然气输配价格监管的通知	发改价格〔2020〕1044号	国家发展改革委	2020年7月	制定省内管道运输价格和城镇燃气配气价格，严格开展定价成本监审
5	天然气管网和LNG接收站公平开放专项监管工作的意见	国能综通监管〔2021〕64号	国家能源局	2021年5月	明确管道运输价格采取分区核定运价率，按路径形成价格，并按照"准许成本加合理收益"的方法，完善制定进口液化天然气接收站气化服务定价机制等
6	2023年能源监管工作要点	国能发监管〔2023〕4号	国家能源局	2023年1月	明确深化油气管网设施公平开放监管。指导做好LNG接收站等设施高质量公平开放，服务天然气保供稳价
7	2024年能源监管工作要点	国能发监管〔2024〕4号	国家能源局	2024年1月	修订出台《油气管网设施公平开放监管办法》，开展油气管网设施公平开放专项监管，重点检查油气管网设施运营企业落实信息公开和报送、独立核算、服务合同履约、公平开放服务等情况

第三篇

客户管理

现代企业在开展市场营销管理活动中，较为普遍地认为"客户就是企业的上帝、企业的衣食父母，成就客户就是成就自己"。企业市场营销活动就是以客户需求为基础的竞争管理，实时精准地"发现客户需求、满足客户需求、服务客户需求"越来越成为现代企业市场营销客户管理实践共识。因此，本篇基于国家对天然气销售体制机制持续推进市场化改革要求，分四章对西南油气田公司发现、培育、发展、巩固、挽留天然气客户所涉及的供用关系、购销合同、用气核查和偏差结算等相关全生命周期业务管理进行解读。

第一章 天然气客户管理

随着国家天然气销售体制市场化改革的持续演进，天然气作为一次能源的重要性，"X+1+X"体制架构与运营模式的日趋完善，天然气上下游市场的稳步开放，维护与发展规范、优质、高效的天然气客户，已成为天然气上下游企业的核心关注点和管理着力点。西南油气田公司自开展天然气市场营销管理以来，始终坚持"以客户为中心、以价值创造为核心"的市场营销模式，合规有序有效地开展天然气客户管理，在促进天然气持续扩销增效中发挥着越来越重要的基础支撑作用。本章对西南油气田公司现行天然气客户的管理范围、制度、流程和实操等业务实践进行全面介绍。

第一节 客户管理范围

目前，西南油气田公司天然气客户管理范围是对消费利用天然气企业、集体、个体、城市居民与商业等直供或转供用气行为开展的全生命周期管理。主要分为潜在客户调查发现、新客户培育开发和现用气客户关系维护等全过程服务与管理。本书仅介绍西南油气田公司对现有直供天然气客户的供用气关系监控与管理，即对现有天然气直供客户从立户到销户的全生命周期服务与管理。主要包括客户资质管理、档案建立维护、供用气关系维护等方面的业务管理与实操。客户管理架构如图3-1所示。

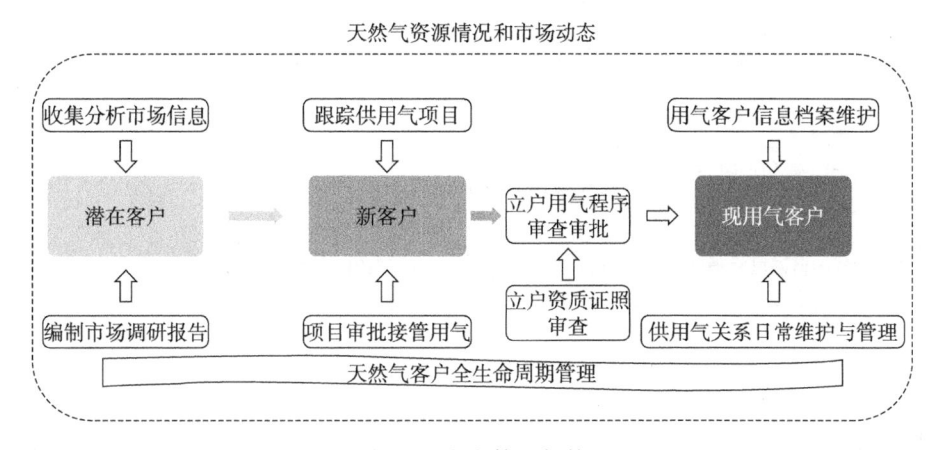

图3-1 客户管理架构

第二节 客户管理制度

为依法合规有序有效管理天然气客户，提升客户管理质量和水平，在严格遵照执行国家和有关地方政府主管部门法律法规的基础上，西南油气田公司根据天然气客户管理实际需要，适时编制发布了

51

规范天然气客户管理相关制度。目前，实施执行的管理制度主要包括国家、地方政府有关法律法规和西南油气田公司天然气市场营销管理办法等。具体见表3-1。

表 3-1 天然气客户管理制度表

序号	文件名称	层级	发布机构	现行版本年限	适用部分
国家法律法规						
1	安全生产法	法律	国务院	2021年修订	第四十九条
2	公司法	法律	国务院	2018年修订	第六条、第七条
3	城镇燃气管理条例	法规	国务院	2016年修订	第十五条、第十六条、第十八条
4	天然气利用政策	规章	国家发展改革委	2012年修订	全文适用
5	关于印发《加快推进天然气利用的意见》的通知	要求	国家发展改革委	2017年发布	全文适用
6	燃气经营许可管理办法	规范	住房和城乡建设部	2019年修订	第二条、第三条、第四条、第八条、第十一条
7	关于印发《城镇燃气经营安全重大隐患判定标准》的通知	要求	国家发展改革委	2023年发布	第四条
8	危化品目录	要求	国务院等10部门	逐年更新修订	根据客户行业检索
9	关于加快推进天然气储备能力建设的实施意见	要求	国家发展改革委	2020年发布	第十二条、第十三条及所提及国发〔2018〕31号文
10	国家发展改革委关于调整天然气价格的通知	要求	国家发展改革委	2013年发布	相关问题第（三）条关于居民用气定义
11	国家发展改革委关于理顺非居民用气天然气价格的通知	要求	国家发展改革委	2015年发布	第三条
地方条例						
1	四川省燃气管理条例	法规	四川省住房和城乡建设厅	2017年修订	第二条、第十七条至第二十四条

续表

序号	文件名称	层级	发布机构	现行版本年限	适用部分
2	重庆市天然气管理条例	法规	重庆市住房和城乡建设委员会	2020年修订	第二条、第十六条至第二十五条
3	关于实施燃气经营许可的通知	要求	四川省住房和城乡建设厅	2012年发布	第一条、第三条
4	关于燃气经营许可管理有关具体问题的处理意见	要求	四川省住房和城乡建设厅	2018年发布	全文适用
企业制度					
1	天然气客户关系管理程序	程序文件	天然气销售分公司	2016年修订	全文适用
2	天然气客户电子档案管理程序	程序文件	天然气销售分公司	2016年修订	全文适用
3	公司天然气市场营销管理办法	公司办法	西南油气田公司	2021年修订	第七章客户管理
4	公司天然气客户经理制管理细则	管理细则	西南油气田公司	2023年修订	全文适用
5	关于加强天然气客户关系管理的通知	管理要求	西南油气田公司	2023年修订	全文适用

第三节　客户管理流程

依据国家及地方政府有关法律法规、条例制度的规定要求，西南油气田公司天然气客户管理流程是客户管理制度与业务实操的具体体现，是从培育市场、发展潜在客户、新开用气客户、维护现有客户等全生命周期供用关系的信息化、过程化和流程化管控与管理。具体分为适时建立供用关系、维护供用关系和稳定供用关系等管理流程。

一、建立供用关系

西南油气田公司市场开发部门以国家天然气利用政策和地方政府发展规划为引领，适时组织指导所属有关单位在本辖区范围内积极开展市场调研，及时发现潜在市场、潜在客户，形成潜在用气客户的市场调研报告，并按照西南油气田公司市场开发相关制度，履行报批程序。同时，以调研结果对潜在客户进行系统信息录入与上报，并实时跟踪客户用气工程建设进度；对有关单位列入月度投产用气项目计划中的潜在客户（项目），由西南油气田公司结合天然气资源状况，按程序进行审查审批；在完成潜在（项目）客户新开新批程序后，适时建立客户市场开发有关信息档案与管理资料。

根据西南油气田公司市场开发部门新开新批天然气客户（项目）相关文件和资料，西南油气田公司营销部门结合天然气生产、资源组织和统筹实际，按照现行天然气客户管理相关法律法规和制度进行客户立户审查审批。重点是对用气批复在有效期内的客户开展相应供用关系建立文件资料、用气资质证照等审查后，在相关信息系统中进行客户立户审查审批维护，以适时地"线上申报，线下审查"流程合规建立供用关系（如图 3-2 所示）。

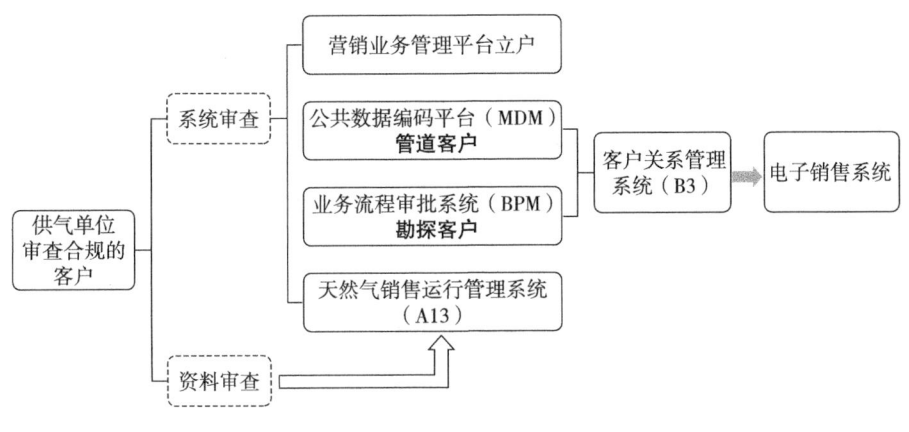

图3-2　供用关系建立流程

二、维护供用关系

在地方政府或天然气客户对已建立的供用气关系提出调整变更等维护需求与诉求时，为有效维护好西南油气田公司与天然气客户的供用关系，对已建立供用气关系的现有用气客户适时开展供用关系的调整变更维护管理。目前，西南油气田公司根据客户、所属单位或地方政府的来文来函诉求要求，对供气区域不新增、分月合同总量不变且满足单独计量条件的客户，进行客户分户；在当地有关部门完成企业实际整合后，根据客户和供气单位申请，对分月合同总量不超并户客户分月合同量之和，且得到当地政府支持并户的客户，进行客户并户；根据西南油气田公司管理需要或客户诉求，对协商一致、便于后续客户关系维系，且不突破原分月合同量的客户，进行客户关系移交；根据当地工商管理部门证明，客户因主管部门审批、股东出资变化等情况，在经营主体未发生实际变化仅变更客户名称，进行客户更名。具体分为分户、并户、移交、更名和销户五个调整变更维护流程。管理流程架构如图 3-3 所示。

客户申请 → 供气单位审查相关资料 → 向营销部上报请示 → 营销部审批 → 领导批准

图3-3　维护供用关系流程

天然气客户基于本企业的经营需求、发展需要和政府要求，向属地供气单位申请调整维护供用关系，由属地供气单位按照地区公司的管理要求进行相关资料的审查、核实，按照分级管理原则，根据客户维护供用关系的申报类别，及时完成相关协议签订，并向西南油气田公司营销部门请示报告，由营销部门会相关业务部门行文审批，由属地供气单位按审批意见完成供用关系的调整维护。

三、稳定供用关系

在对天然气客户的供用关系实施建立、调整、变更等维护管理流程后，西南油气田公司及所属单位在适时开展天然气客户信息档案建立、日常和年度维护的基础上，以客户为中心，结合天然气供需实际情况，从多维度、多角度和多方面适时构建和开展天然气客户管理与服务等，以确保公司与客户供用关系长期的稳定性、真实性、合规性、可靠性和有效性，切实保障西南油气田公司天然气市场营销长期合规有效和稳定地拓市增销（如图 3-4 所示）。

第三篇 客户管理

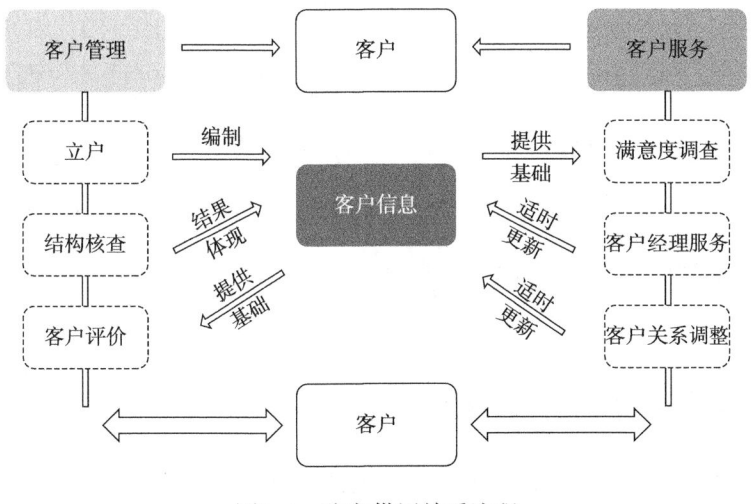

图3-4 稳定供用关系流程

第四节 客户管理实操

一、客户证照资质监管督办

按照本书本章第二节的相关法律法规文件制度要求,西南油气田公司客户申请使用天然气需要办理和具备相关的合规有效资质证照,以确保西南油气田公司向客户依法合规安全有序地供气,主要分新客户和现有用气客户资质监管督办。具体实操如下:

(一)新客户

某家企业或个体在新开立户用气前,需向西南油气田公司所属单位提供本企业或个体包括但不限于营业执照、法人身份证复印件、银行开户行许可证，以及经营范围涉及的国家行业法规规定的证照，如：燃气经营许可证、安全生产许可证、危化品许可证等。西南油气田公司所属有关单位营销部门负责核实相关原件后，扫描上传至西南油气田公司营销业务管理平台、B3等信息系统，并传报西南油气田公司营销部门审核，合规立户用气。

（二）现有用气客户

根据现有用气客户证照资质到期时限实时监控情况，由西南油气田公司所属单位客户经理开展合规有效的监管提醒督办工作：即在客户资质失效前3个月内，及时向客户电话提醒续证；在客户资质失效前2个月内，及时向客户发送续证的告知函文；在客户资质失效前1个月内，及时向客户再次发送续证函文督办。监管督办实操如图3-5所示。

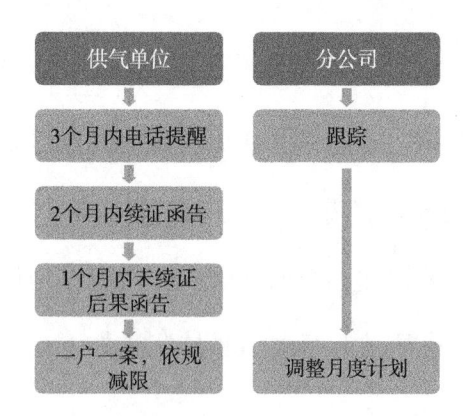

图3-5 客户资质证照动态有效监管督办

二、客户供用关系档案建立维护

(一)新客户档案建立维护

某家企业或个体取得西南油气田公司用气指标批复,经过现场用气投产验收,并取得相应地方政府行政审批与许可后,及时到西南油气田公司及所属有关单位营销部门完成开户立户程序审查审批,主要核实客户资质证照原件等资料材料的真实性,并进行扫描存档,同步建立新客户档案和录入西南油气田公司营销业务管理平台生成电子档案。具体见表3-2。

表 3-2 新客户档案
查看客户详情

编号:					
客户基本信息					
客户名称:		客户简称:		单位:	
性质:		板块:		作业区:	
行业分类:		集团内部:		管网类型:	
生效时间:		办理依据:		是否昆仑:	
其他标记:		地区:		是否终端公司:	
是否中断:					
客户银行信息					
开户银行:		银行帐号:		结算帐号:	
营业执照主要信息					
营业执照号码:		核发机关:		法人代表(负责人):	
营业场所:		注册资金		公司名称:	
公司类型:		控股股东:		股份构成	
信用状况:		成立日期:		经营范围:	

（二）现有用气客户档案日常维护

根据客户信息变更、客户关系调整或相关信息变化等，西南油气田所属单位客户经理负责在西南油气田公司营销业务管理平台上适时变更相关信息，提交所属单位营销及相关部门审查后，上报西南油气田公司营销部门审批生效。

现有用气客户档案管理路径，点击【天然气销售客户管理】—【客户信息管理】—【客户档案管理】模块，进入客户档案管理界面，可通过输入"档案所属年份""是否生效""档案名称"等字段管理查询已建的相关客户档案信息。具体管理如图3-6所示。

图3-6 现有用气客户档案管理主界面

（三）现有用气客户档案年度修订维护

按照西南油气田公司天然气市场营销管理办法相关规定，西南油气田公司所属单位在西南油气田公司统一组织下进行现有用气客户档案编制修订。客户档案中涉及客户用气量、结构气量、均价等信息由营销业务管理平台动态更新，其余由所属单位客户经理结合实际情况，以及对接客户了解情况在营销业务管理平台中进行更新修订维护。具体修订维护见表 3-3、表 3-4 和表 3-5。

表 3-3　化工（化肥）客户档案

天然气客户档案

行业情况				
所属行业		用气结构类型		成套装置数量	
主管单位					
用气设备、设施状况				
用气设备名称		建成时间		设计用气能力	
生产规模：				
可否中断		检修周期		检修时间	
初始设计用气量		现有额定用气量		天然气用途	
天然气净化设施状况		扩能与技改情况			
供气设备、设施状况（供方产权）				
供气场站			计量装置（名称/套数）		
管线外径及壁厚		管线设计压力（MPa）		管线设计输量（万立方米/日）	
历年天然气用气情况（近五年）				
累计气量		气价结构		最大/最小用气量（万立方米/日）	
年均气量		结构变化		平均最大/最小用气量（万立方米/日）	
2022 年天然气用气情况				
用气量		气价结构		最大/最小用气量（万立方米/日）	
2021 年天然气用气情况				
用气量		气价结构		最大/最小用气量（万立方米/日）	

续表

2020 年天然气用气情况			
用气量		气价结构	最大/最小用气量（万立方米/日）
2019 年天然气用气情况			
用气量		气价结构	最大/最小用气量（万立方米/日）
2018 年天然气用气情况			
用气量		气价结构	最大/最小用气量（万立方米/日）
2022 年主要产品与经营情况			
产品名称	产量（吨）	产品用途	产品规格	平均价格
销售主要区域			
企业年产值			
其他说明			

表 3-4　工业客户档案

天然气客户档案

行业情况			
所属行业		用气结构类型		成套装置数量	
主管单位			
用气设备、设施状况			
用气设备名称		建成时间		设计用气能力	
生产规模：			天然气用途	
可否中断		检修周期		检修时间	
初始设计用气量		现有额定用气量		保安用气量	
调峰能力与设施状况		扩能与技改情况	

续表

供气设备、设施状况（供方产权）					
供气场站			计量装置（名称/套数）		
管线外径及壁厚		管线设计压力（MPa）		管线设计输量（万立方米/日）	
历年天然气用气情况（近五年）					
累计气量		气价结构		最大/最小用气量（万立方米/日）	
年均气量		结构变化		平均最大/最小气量（万立方米/日）	
2022年天然气用气情况					
用气量		气价结构		最大/最小用气量（万立方米/日）	
2021年天然气用气情况					
用气量		气价结构		最大/最小用气量（万立方米/日）	
2020年天然气用气情况					
用气量		气价结构		最大/最小用气量（万立方米/日）	
2019年天然气用气情况					
用气量		气价结构		最大/最小用气量（万立方米/日）	
2018年天然气用气情况					
用气量		气价结构		最大/最小用气量（万立方米/日）	
2022年主要产品与经营情况					
产品名称	产量（ ）		产品用途	产品规格	
产品规格				平均价格	
企业年产值					
销售主要区域					
其他说明					

表 3-5　城市燃气客户档案

天然气客户档案

行业情况				
所属行业	城市燃气	用气结构类型		
燃气经营许可证编号				
主管单位		供气区域范围		
用气设备、设施状况				
配气站（座）		加臭装置状况		
储气设施		调峰能力状况		
供气设备、设施状况（供方产权）				
供气场站			计量装置（名称/套数）	
管线外径及壁厚	管线设计压力（MPa）		管线设计输量（万立方米/日）	
供气设备、设施状况（用方产权）				
供气场站			计量装置（名称/套数）	
管线外径及壁厚	管线设计压力（MPa）		管线设计输量（万立方米/日）	
平均用气量	最大用气量		最小用气量	
日峰谷状况				
历年天然气用气情况（近五年）				
累计气量	气价结构		最大/最小用气量（万立方米/日）	
年均气量	结构变化		平均最大/最小用气量（万立方米/日）	
2022年天然气用气情况				
用气量	气价结构		最大/最小用气量（万立方米/日）	
2021年天然气用气情况				
用气量	气价结构		最大/最小用气量（万立方米/日）	
2020年天然气用气情况				
用气量	气价结构		最大/最小用气量（万立方米/日）	

续表

2019 年天然气用气情况					
用气量		气价结构		最大/最小用气量（万立方米/日）	
2018 年天然气用气情况					
用气量		气价结构		最大/最小用气量（万立方米/日）	
2022 年天然气用气情况					
居民户数		商业户数		工业户数	
用气量（万立方米）		日均气量（万立方米/日）		最大/最小用气量（万立方米/日）	
气价结构					
2022 年企业经营情况					
销售均价		供气区域范围			
企业年产值					
其他说明					

三、供用关系管理维护

西南油气田公司与客户供用关系日常管理维护主要是对现有用气客户开展立户、分户、并户、移交、更名和注销等实际工作，具体由西南油气田公司所属单位和营销部门按照"业务主导、分级负责"实施审核审批管理维护。有关单位根据客户申请或地方政府来文来函，履行属地单位审查，对审查符合供用气关系建立与调整变更维护条件的客户，原则上由有关单位向西南油气田公司"一事一报"进行OA报批。具体实操示例如下：

（一）客户立户

需审核管理维护资料包括：客户立户申请，客户营业执照，生产、经营许可证，用气指标批复文件，客户银行账户，投产验收等6类。

1. 客户立户申请或说明须加盖客户单位印章，如图 3-7 所示。

图3-7　客户立户申请示意图

2. 客户营业执照复印件须注明"与原件校对无误"，并加盖客户单位印章，如图 3-8 所示。

图3-8　客户营业执照示意图

3. 客户行业相关生产、经营许可证，须根据客户行业、地方政府主管部门的管理要求出具，例如：城市燃气行业需提供燃气经营许可证、CNG行业客户需提供危化品经营许可证、燃气经营许可证和充装许可证、无加注站的LNG工厂需提供危化品经营许可证，如图3-9所示。

图3-9 客户行业相关生产、经营许可证示意图

4. 用气指标批复文件，重点核实用气区域、时间的真实性和有效性，如图3-10所示。

图3-10 用气指标批复文件示意图

5.客户须提供银行账户信息，重点核实信息真实性、可用性和有效性，如图 3-11 所示。

图3-11　客户银行账户信息示意图

6.投产验收相关资料，重点核实投产验收提出的投产前必须整改项是否闭环整改，如图 3-12 所示。

图3-12　投产验收相关资料示意图

（二）客户分户

需审核管理维护资料包括：客户分户申请，分户涉及客户与供气单位签订的分户协议书，分户客户营业执照，分户客户银行账户，分户客户相关生产、经营许可证，其他证明材料，供气单位分户请示，西南油气田公司分户批复等8类。

1.客户分户申请，分户客户及被分客户的申请均须提供，并加盖客户单位印章，如图3-13所示。

图3-13 客户分户申请示意图

2.分户涉及客户与供气单位签订的分户协议书，协议书内包括但不限于原分月合同量的划分、计量点的调整及分户客户的结构气量等信息，如图3-14所示。

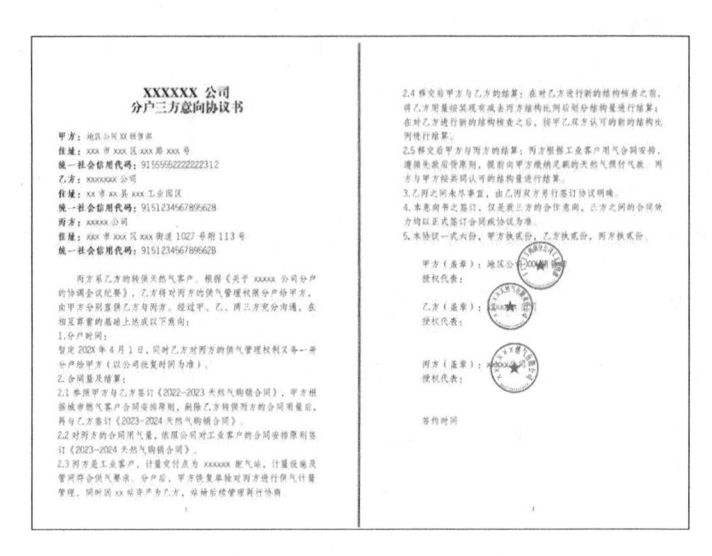

图3-14　分户协议书示意图

3. 分户客户营业执照，须有统一社会信用代码（若未实现三证合一，需提供营业执照、组织机构代码证和税务登记证复印件），法人身份证复印件，所提供的复印件由各单位负责核实原件，并在复印件上注明"与原件校对无误"，并加盖客户单位印章，如图3-15所示。

图3-15　分户客户营业执照示意图

4.分户客户须提供银行账户信息,重点核实账户信息真实性、可用性和有效性,如图 3-16 所示。

图3-16　分户客户银行账户信息示意图

5.分户客户相关生产、经营许可证,须根据客户行业、地方政府主管部门的管理要求出具,例如:城市燃气行业需提供燃气经营许可证、CNG 行业客户需提供危化品经营许可证、燃气经营许可证和充装许可证、无加注站的 LNG 工厂需提供危化品经营许可证,如图 3-17 所示。

图3-17　分户客户行业相关生产、经营许可证示意图

6.其他证明材料，根据审核需要，提供地方相关部门或上级主管部门关于客户分户的批复、支持意见。

7.供气单位分户请示，在完成对客户分户申请相关资质、资料审核后，在西南油气田公司OA系统中上报客户分户的申请，如图3-18所示。

图3-18　供气单位分户请示示意图

8.西南油气田公司分户批复，在收到供气单位关于客户分户的申请后，油气田公司营销部门对客户分户申请相关资质、资料审核通过后，下文批复，如图3-19所示。

图3-19　西南油气田公司分户批复示意图

（三）客户并户

需审核管理维护资料包括：客户并户申请，并户涉及客户与供气单位签订的并户协议书，客户更新的生产、经营许可证，被并客户往来款项确认书，其他证明材料，供气单位并户请示，西南油气田公司并户批复等7类。

1.客户并户申请，并户客户及并入客户的申请均须提供，并加盖客户单位印章，如图3-20所示。

图3-20　客户并户申请示意图

2.并户涉及客户与供气单位签订的并户协议书，协议书内包括但不限于并户后的分月合同量、原各客户计量点的调整建议，如图3-21所示。

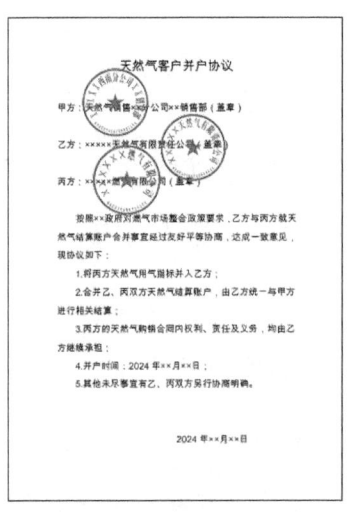

图3-21　并户协议书示意图

3. 客户更新的生产、经营许可证，须符合其涉及的经营范围和行业要求，覆盖涉及的特许经营区域范围，如图3-22所示。

图3-22　客户行业相关生产、经营许可证示意图

4. 被并客户往来款项确认书，重点审核供用双方往来款项及账户余额一致性等信息，如图3-23所示。

图3-23　被并客户往来款项确认书示意图

5. 其他证明材料，根据审核需要，提供地方相关部门或上级主管部门关于客户并户的批复、支持意见。

6. 供气单位并户请示，在完成对客户并户申请相关资质、资料审查后，在西南油气田公司 OA 系统中上报客户并户的申请，如图 3-24 所示。

图3-24　供气单位并户请示示意图

7. 西南油气田公司并户批复，在收到供气单位关于客户并户的申请后，营销部门将对客户并户申请相关资质、资料审查通过后，下文批复，如图 3-25 所示。

图3-25　西南油气田公司并户批复示意图

（四）客户移交

需审核管理维护资料包括：客户移交申请，客户移交会议纪要，客户更新的生产、经营许可证，移交客户债权债务责任书，其他证明资料，供气单位移交请示，西南油气田公司移交批复等7类。

1.客户移交申请，移交客户及接收客户的申请均须提供，并加盖客户公司印章，如图3-26所示。

图3-26　客户移交申请示意图

2.客户移交会议纪要，西南油气田公司所属单位间的客户移交，所属单位需与客户就移交事项需形成会议纪要或移交协议；若涉及跨地区公司客户移交，西南油气田公司需完成向专业公司请示报告，经同意后通知所属单位与有关地区公司及客户会议对接形成纪要；若涉及与中国石油外部企业间的客户移交，西南油气田公司所属单位需充分对接客户，了解客户移交原因后，先行向西南油气田公司报告，经同意后由西南油气田公司相关部门及所属与需移交企业会议对接，形成移交会议纪要或签订移交协议，如图3-27和图3-28所示。

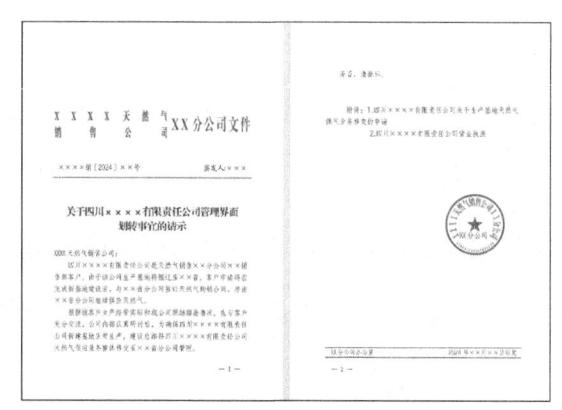

图3-27　客户移交请示示意图

图3-28　客户移交请示批复示意图

3. 客户更新的生产、经营许可证，重点审核移交后涉及的经营范围和行业要求，是否覆盖移交户后特许经营区域范围，如图3-29和图3-30所示。

图3-29　客户更新的营业执照示意图

图3-30　客户更新的生产、经营许可证示意图

4. 移交客户往来款项确认书，明确供用双方往来款项及账户余额一致性后，由移交客户双方加盖单位财务印章，如图3-31所示。

图3-31　移交客户往来款项确认书

5.其他证明材料，根据审核需要，提供地方相关部门或上级主管部门关于客户移交的批复、支持意见。

6.供气单位移交请示，在完成对客户移交申请相关资质、资料审查后，在西南油气田公司OA系统中上报客户移交的申请，如图3-32所示。

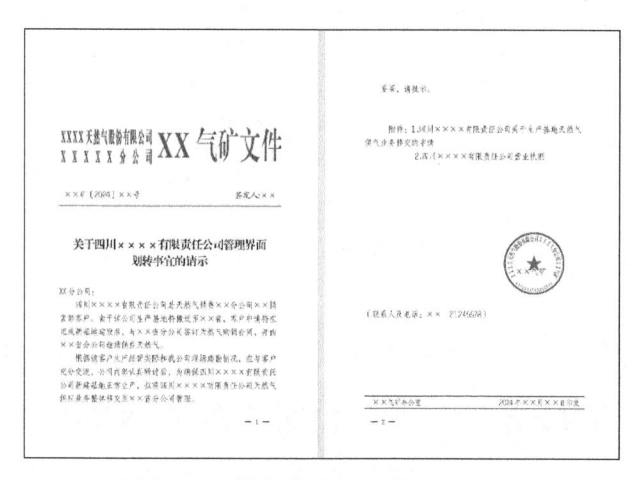

图3-32　供气单位移交请示示意图

7.西南油气田公司移交批复，在收到供气单位关于客户更名的申请后，西南油气田公司营销部门将对客户更名申请相关资质、资料审查通过后，下文批复，如图3-33所示。

图3-33 西南油气田公司移交批复示意图

（五）客户更名

需审核管理维护资料包括：客户更名申请，往来款项确认书，更名后营业执照、税务登记证、组织机构代码证，更名后银行账户，更名后相关生产、经营许可证照，天然气客户更名协议书，其他证明材料，供气单位更名请示，西南油气田公司更名批复等9类。

1.客户更名申请，须加盖更名前、后的单位印章，若客户更名前印章已被核销，可提供政府部门印章"准予注销登记通知书"等证明，如图3-34所示。

图3-34　客户更名申请示意图

2.由西南油气田公司供气单位财务部门与客户进行账户余额确认，签订债权债务确认书；明确供双方气款余额、欠款余额后，加盖供用双方单位印章或财务专用印章，如图3-35所示。

图3-35　客户债权债务确认书示意图

第三篇　客户管理

3.更名后的营业执照、税务登记证、组织机构代码证，客户须提供原件，完成与原件核对后，在复印件上注明"与原件校对无误"并加盖客户单位印章，如图3-36所示。

图3-36　客户更名后的营业执照示意图

4.客户须提供更名后的银行账户信息，重点核实账户信息真实性、可用性和有效性，如图3-37所示。

图3-37　客户更名后的银行账户信息示意图

5. 更名后的相关的生产、经营许可证照，重点审查燃气经营许可、CNG 客户的重装许可证、危化品行业的危化品经营许可证等是否已完成更名（更名是对在用气客户相关资质证照有效性的掌控关键环节），如图 3-38 所示。

图3-38　客户更名后的相关生产、经营许可证示意图

6. 在相关资质证照和账务核对程序完成后，由供气单位与客户签订《天然气客户更名协议书》，如图 3-39 所示。

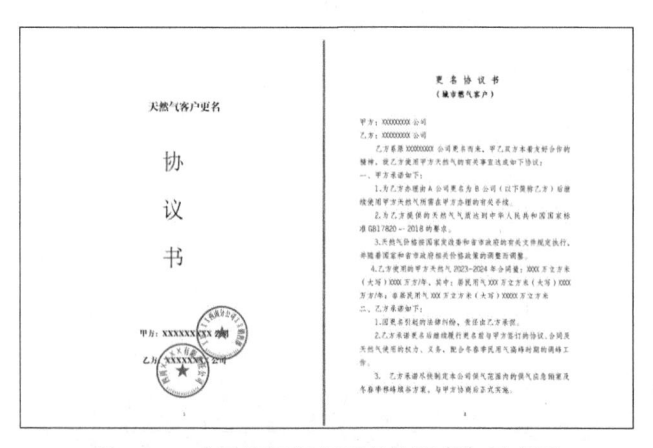

图3-39　《天然气客户更名协议书》示意图

7. 其他证明材料，地方相关部门或上级主管部门关于更名的批复，更名前、后在工商管理部门登记注册的各股东出资情况（需由工商管理部门盖章），准予变更登记通知书需由工商管理部门盖章，如图 3-40 所示。

图3-40　其他证明材料示意图

8. 供气单位在完成对客户更名申请相关资质、资料审查后，在西南油气田公司 OA 系统中上报客户更名后继续用气的申请，附《天然气更名协议》，如图 3-41 所示。

图3-41　客户更名后继续用气的申请示意图

9. 在收到供气单位关于客户更名的申请后，西南油气田公司营销部门将对客户更名申请相关资质、资料审查后，通过后下文批复，如图3-42所示。

图3-42　西南油气田公司对客户更名的批复

（六）客户注销

需审核管理维护资料包括：客户注销申请，往来款项确认书，供气单位注销请示，西南油气田公司注销批复等4类。

1. 客户自愿发起注销账户申请，须加盖客户单位印章，若客户印章已核销可提供政府部门印章"准予注销登记通知书"等证明，如图3-43所示。

图3-43　客户注销账户申请示意图

2.由供气单位财务部门与客户进行账户余额确认，签订往来款项确认书；明确供用双方气款余额、欠款余额后，由供用双方加盖单位财务章，如图3-44所示。

图3-44　客户账户余额确认书示意图

3. 供气单位在完成对客户账户注销申请相关资质、资料审查后，在西南油气田公司OA系统中上报客户账户注销的申请，如图3-45所示。

图3-45　上报客户注销申请示意图

4. 在收到供气单位关于客户账户注销的申请后，西南油气田公司营销部门将对客户账户注销申请相关资料审查后，通过后下文批复，如图3-46所示。

图3-46　西南油气田公司对客户账户注销的批复示意图

第二章 天然气购销合同管理

近年来,国家持续深入推进油气体制改革,高度重视能源安全,保障民生用气稳定与社会和谐,为促进天然气供用双方公平公正履行权利义务,对天然气购销合同签订与履行的要求越来越高。合同用方依据国内经济发展趋势,迫切需要天然气供应量价预期稳定;供方大力推进资源上产,也势必要加强天然气购销精细化管理水平。目前,天然气购销合同是西南油气田公司依法合规从事天然气购销业务的法律依据,是与直供客户签订履行天然气供用相关事宜的法律文书,更是实时有效开展天然气客户管理的法律保障。本章对西南油气田公司天然气购销合同的管理范围、制度和流程等业务实践作介绍。

第一节 合同管理范围

本书所涉天然气购销合同管理是指西南油气田公司以合同形式对天然气购销业务进行依法合规的管理,是与直供客户签订的管道天然气购销合同（灌装气等非管道气合同、直供客户与下游客户之间的转供天然气合同、线上交易等其他合同不在本书介绍范围内）。主要包括天然气购销合同的管理制度应用、签约方案制定、示范文本修订、集中签约组织、审批流程管控、数据资料信息化以及履行情况日常监管等方面的业务管理与实操。具体管理架构如图 3-47 所示。

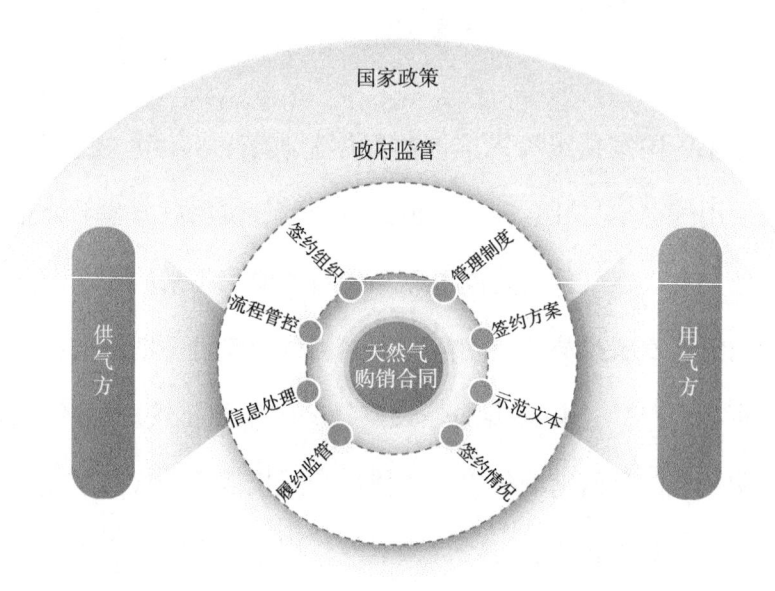

图3-47 天然气购销合同管理范围示意图

第二节 合同管理制度

依法合规签订与履行天然气购销合同，既要求西南油气田公司按照法律法规对外及时签约履约，又要求按照相关法律法规和规章制度合规管理。目前，西南油气田公司按照国家和地方政府有关法律法规的规定，与持有有效许可及资质证照的直供客户，以平等主体地位签订供用气购销合同，接受反垄断监督和审计监督；按照规章制度要求，所属单位与直供客户按统一文本签订购销合同，按流程履行审查审批与监督程序。此外，年度合同签订方案中，还会对当年合同签订履行做出具体要求与安排。具体管理制度依据见表3-6。

表3-6 天然气购销合同管理制度依据

序号	文件名称	层级	发布单位	适用范围
国家法律					
1	民法典	法律	全国人大	部分适用
2	反垄断法	法律	全国人大	部分适用
3	反不正当竞争法	法律	全国人大	部分适用
4	审计法	法律	全国人大	部分适用
5	行政许可法	法律	全国人大	部分适用
地方法规					
1	四川省燃气管理条例	地方法规	四川省人大常委会	部分适用
2	重庆市天然气管理条例	地方法规	重庆市人大常委会	部分适用
公司制度					
1	中国石油合同管理办法	制度规范	集团公司	全文适用
2	西南油气田公司合同管理办法	制度规范	地区公司	全文适用
3	西南油气田公司天然气市场营销管理办法	制度规范	地区公司	部分适用

第三节　合同管理流程

按照国家及集团公司的统一安排，西南油气田公司每年2-3月收集客户需求，结合区域资源组织情况，在统一营销策略的指导下，研究编制形成合同方案。根据西南油气田公司党委会审定的合同方案，实时修订完善合同文本，于3—4月印发执行。授权所属签约单位按照既定方案与文本，与客户具体开展合同谈判及签订工作，并在合同系统、营销系统、电销系统、归集系统等相关系统中履行审核、审批、履约、报备等程序。西南油气田公司各级营销部门按日监控、周报告、月分析、年总结的管理要求，全面监管合同的合规履行。具体管理流程如图3-48所示。

修订文本
根据公司方案，结合实践需要，对文本展开修订完善。

监管执行
按照日监控、周报告、月分析、年总结的要求，监督管理合同的全面履行。

制定方案
根据中国石油下达的合同签订方案，结合西南油气田公司资源组织情况，编制公司方案。

组织签约
根据政府相关规定和公司方案，按照公司天然气市场营销管理办法组织签订。

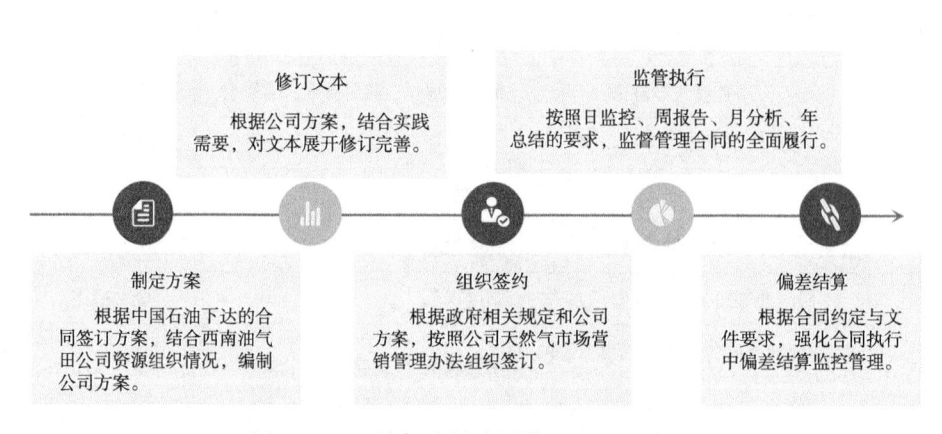

偏差结算
根据合同约定与文件要求，强化合同执行中偏差结算监控管理。

图3-48　天然气购销合同管理流程示意图

第四节 合同管理实操

一、方案编制

按照国家对天然气购销合同签订与履行相关精神和要求,根据专业公司下达天然气购销合同方案,结合西南油气田公司资源组织情况,编制西南油气田公司合同签订方案。方案内容一般包括签订主体、签订范围、签订时间、合同周期、工作流程、合同量配置原则、销售结构、销售价格、调峰补偿机制、重点条款变更及签订要求等。合同方案编制流程如图3-49所示。

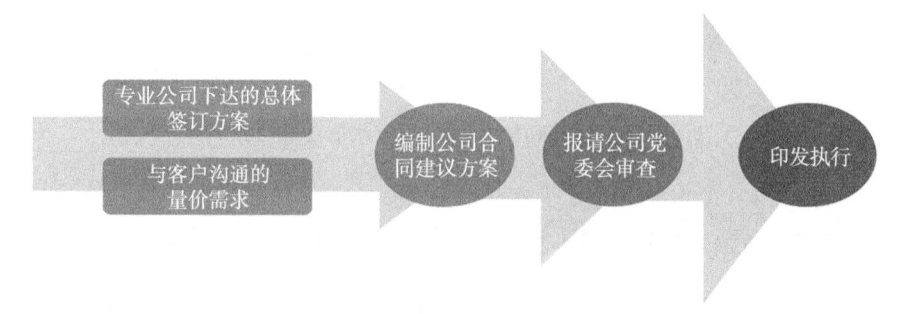

图3-49 天然气购销合同方案编制流程示意图

二、文本修订

在《中华人民共和国民法典》等法律法规的规定下,按照西南油气田公司合同管理办法、天然气市场营销管理办法、合同方案等文件的要求,开展天然气购销合同文本修订。

以《2022—2023 年天然气购销合同文本》为例，根据专业公司要求，在《关于印发年度天然气购销合同示范文本（修订）的通知》（气销法律〔2021〕20 号）基础上，经西南油气田公司相关单位和业务部门间多轮意见收集及讨论，形成适用于西南油气田公司本年度天然气营销策略和方案的合同文本。修订文本经西南油气田公司相关部门会签后，呈西南油气田公司领导签发执行。同时，西南油气田公司企管法规部门统一上载合同系统，并在系统中生成正式合同文本（如图 3-50 所示）。

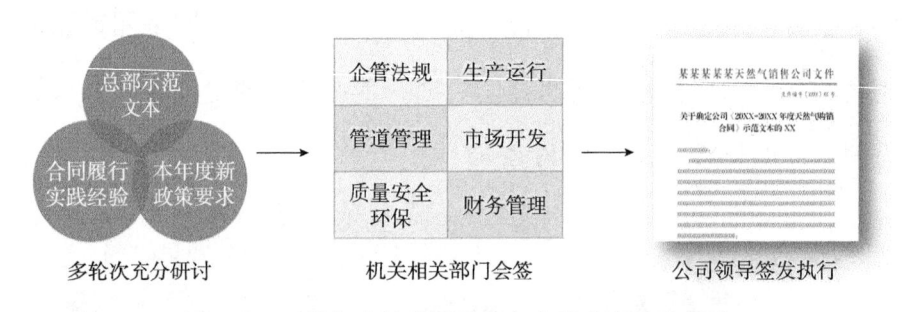

图3-50 天然气购销合同示范文本形成流程示意图

2021 年至 2024 年间，天然气购销合同示范文本的适用性逐年优化和市场化，2021—2022 年，合同修订形成城市燃气客户、可中断客户、其他非居客户三类合同文本；2022—2023 年，修订形成普通客户、调峰客户两类合同文本；2023—2024 年合同文本更是以选择性条款的形式，将合同文本合并修订为统一文本，简化了文本签订繁杂程度，提升了购销合同的辨识度和适用性。

三、合同签订

西南油气田公司天然气购销合同签订在符合国家、地方政府对合同签订的相关规定和方案要求的基础上，按照西南油气田公司天然气市场营销管理办法组织签订。

（一）签订步骤

1. 西南油气田公司编制与印发签订方案。

2. 召开合同签订方案宣贯会。

3. 各单位开展合同签订工作：成立合同签订领导小组、制定合同签订预案、组织谈判协商、签订谈判记录单、收集客户资质等签约资料；在合同系统中逐一录入合同信息，上传相关资料。

4. 各级领导及业务人员在系统中审核审批相关信息。

5. 各单位逐一打印经审批的合同文本，经双方签字盖章后生效。

（二）审查审批

1. 零散气合同及预估标的小于五千万元人民币的统购统销气合同，由西南油气田公司所属供气单位销售部门自行审查审批。具体审查审批如图3-51所示。

图3-51 合同审查审批示意图

2.合同预估标的大于等于五千万、小于两亿元人民币的统购统销气合同，增加西南油气田公司营销部门审查审批环节。具体审查审批如图3-52所示。

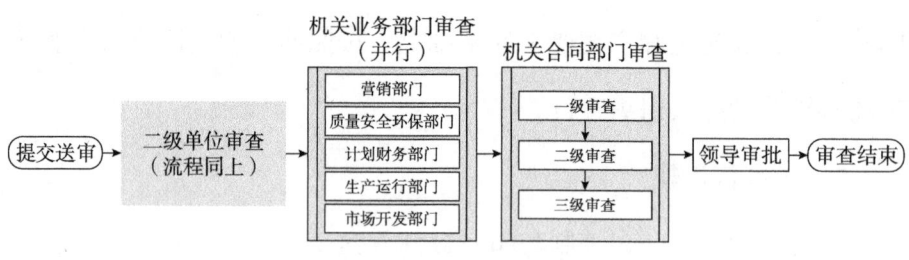

图3-52 合同审查审批示意图

3.合同预估标的大于两亿元人民币的统购统销气合同，增加西南油气田公司相关业务部门及机关合同部门审查审批环节，西南油气田公司领导审批后方可生效。具体审查审批如图3-53所示。

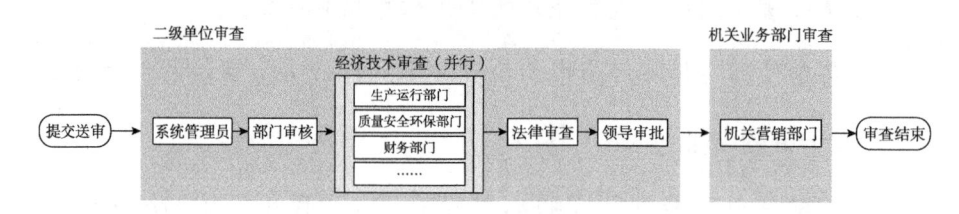

图3-53 合同审查审批示意图

（三）日常工作

各单位按照合同签订方案及要求，建立健全"日报告、周分析和月总结"合同签订工作流程，保证合同的全面签订。

1.日报告：按日收集天然气购销合同签订进度及需要解决的问题，形成日报。

2.周分析：按周汇总合同签订情况，分析存在和需要解决的问题，形成周报。

3.月总结：按月统计合同签订情况，总结合同签订过程中存在的问题，形成月报。

（四）形成合同

经合同系统审批后的天然气购销合同文本自动形成水印及二维码，打印后双方签字盖章生效。具体如图3-54所示：

图3-54 形成合同示意图

四、合同履行

西南油气田公司天然气购销合同的履行是以生效合同文本为依据，西南油气田公司所属供气单位按照合同约定，严格执行合同约定的相关条款，建立健全"周报告、月分析和年总结"合同执行工作，保证合同的全面履行。

周报告：按周收集天然气购销合同执行情况及需要解决的问题，

形成周报。

月分析：按月汇总合同执行情况分析，监控客户异常用气情况，形成月报。

年总结：按年统计合同执行情况，总结合同执行过程中存在的问题，形成台账。

第三章　客户用气核查管理

天然气客户用气核查是指对天然气客户实际用气结构等情况进行核实核查。西南油气田公司根据国家发展改革委现行天然气分类作价销售政策，按照"一年一次、年度滚动、实时调整、实时清算"的原则，按年度客户实际用气结构情况开展核查。核查目的是明确客户用气流向，科学核定民生用气结构量，明晰民生用气保供责任。本章对客户用气结构核查范围、制度和实操业务实践作全面介绍。

第一节　核查范围

一、国家规定用气结构范围

根据国家发展改革委、地方政府和上级主管部门相关要求，目前，西南油气田公司天然气客户核查需遵循民生用气和其他用气分类。具体分为一是民生用气：居民气、农村居民"煤改气"、集中采暖用气；二是其他用气：社会公共交通用气、社会公共服务用气及其他用气。

二、油气田公司实施用气结构核查范围

按照以上分类，西南油气田公司天然气客户用气结构核查范围是指居民用气和非居民用气两类。居民用气包括居民户和学校、福利院等集体所用的天然气。非居民用气指除居民用气以外的其他类用气，包括工业产品生产、燃料、LNG、CNG、化肥生产以及城市燃气公司转供工业、CNG、公用、商业等所用天然气。

第二节　核查制度

为进一步提升天然气客户管理水平，规范西南油气田公司天然气客户用气结构核查工作，提高天然气客户用气结构核查工作质量，依法合规地保障供用双方利益，西南油气田公司建立了结构核查相关制度。目前，西南油气田公司结构核查适用制度有《西南油气田公司天然气市场营销管理办法》，在该办法项下，又编制实施了《西南油气田公司天然气客户用气结构核查管理细则》。

第三篇　客户管理

第三节　核查流程

依据西南油气田公司天然气客户结构核查相关制度，西南油气田公司建立明确的核查条件、核查发起、核查开展、核查方法、审查调整和结果运用等业务流程和管理要求。具体核查流程如图3-55所示。

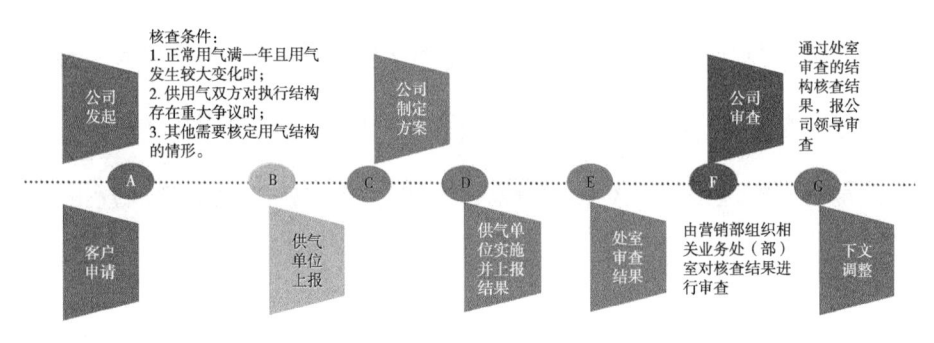

图3-55　结构核查流程示意图

一、核查条件

一是正常用气满一年且用气发生较大变化时；二是供用气双方对执行结构存在重大争议时；三是其他需要核定供用气结构的情形。

二、核查发起

1.西南油气田公司发起统一结构核查，按西南油气田公司下发核查方案，由西南油气田公司所属供气单位向客户发起核查。

2.西南油气田公司所属供气单位自行组织的天然气客户结构核查，由西南油气田公司所属供气单位按本单位核查实施方案，主动向客户发起核查。

3.客户举证申请的天然气客户结构核查，由客户对用气结构异议提出书面申请，经西南油气田公司所属供气单位核实符合核查条件的，报经西南油气田公司同意后，及时向客户发起核查。

三、核查开展

西南油气田公司所属供气单位或聘请第三方核查单位开展现场核查，充分告知客户后，现场收集核查资料、现场进行数据核实对接、筛查异常用量实地核实、对接签认核查数据，再由核查组编制核查报告。

四、核查方法

天然气结构核查方法多，主要涉及销售、财务以及生产等专业，需根据供用气实际情况，综合运用多种核查方法，计算直供和转供居民、非居民等结构气量，验证其真实性、完整性和准确性。目前主要方法有三类：一是调查表分析法：设计调查表，由接受核查的天然气客户如实填制作为基础数据，以此与现场核查提取的数据进行对比分析，核算结构数据，形成经核实的调查表；二是销售与生产数据分析法：收集接受结构核查客户的销售统计报表、生产管理等结构量相关系统数据，整理分析其用气量、用气结构、产品产销数据、销售流向等，计算出各类结构用气量，编制用气分类结构（销售、生产）核查表；三是财务数据分析法：查阅接受结构核查客户的销售收入台账与财务报表，整理分析相关数据，与对应月份的财务账表进行对比验证，编制用气分类结构（财务）核查表；四是其他分析法：可根据接受结构核查客户的实际，在西南油气田公司所属供气单位实施方案中明确采取的其他合理合规分析法。

五、审查调整

西南油气田公司所属供气单位组织相关业务部门对核查工作小组或第三方的核查报告进行会议审查，达成一致意见后，形成会议纪要，并编制单位审查报告，通过 OA 上报公司。西南油气田公司相关部门对西南油气田公司所属供气单位提交的核查报告进行程序审查，形成总体核查报告（适时核查简化流程），提交西南油气田公司领导审定，通过后下文调整结构，由各供气单位清算并执行。

六、结果运用

西南油气田公司有关部门对有关单位的核查报告开展会议审查后，由西南油气田公司营销部门起文呈交领导审定。营销部门根据审定意见，编制下发结构调整文件，由西南油气田公司所属供气单位执行。同时，将西南油气田公司核查结果上报天然气销售专业公司备案和向省市物价主管部门报备。

第四节　核查实操

一、以对A城市燃气公司开展结构核查为例

1.信息收集：调取客户的简介、客户收费系统、财务账套、报税信息等。

2.通过销售类资料进行计算：统计所有收费系统数据，形成气量统计表，分月进行购销和销售气量核对，形成销售分结构量数据。

3.通过财务类资料进行计算：核对主营业务收入，核对应税产品销售额，抽查凭证核查用气类型是否混淆，形成财务分结构量数据量。

4.通过财务类、销售类资料分别进行核算，由于城市燃气行业的特殊性，财务记账时间对比实际用气时间会有月份滞后情况，销售类资料核查是根据销售行为发生时间进行测算，按照此次结构核查对于2022年全年实际用气情况进行核查的要求，建议采用销售类数据：用气结构比例：居民：32%，非居民68%；用气结构量：居民：324万立方米，非居民688.5万立方米（分月结构量以表格形式明确，跨月抄表需根据月销售量占比计算）。

对比2022年实际结算结构居民结构量增加了24万立方米，该公司截至12月底（核查上报月）用气量1300万立方米（结算居民量

300万立方米），清算结构量为24万立方米，居民结构量增加，公司需就24万立方米的价差进行清退。

二、以对B城市燃气公司开展结构核查为例

1. 信息收集：调取客户的简介、客户收费系统、财务账套、报税信息等。

2. 通过销售类资料进行计算：统计所有收费系统数据，形成气量统计表，分月进行购销和销售气量核对，形成销售分结构量数据。

3. 通过财务类资料进行计算：核对主营业务收入，核对应税产品销售额，抽查凭证核查用气类型是否混淆，形成财务分结构量数据量。

4. 通过财务类、销售类资料分别进行核算，由于城市燃气行业的特殊性，财务记账时间对比实际用气时间会有月份滞后情况，销售类资料核查是根据销售行为发生时间进行测算，按照此次结构核查对于2022年全年实际用气情况进行核查的要求，建议采用销售类数据：用气结构比例：居民：32%，非居民68%；用气结构量：居民：324万立方米，非居民688.5万立方米（分月结构量以表格形式明确，跨月抄表需根据月销售量占比计算）。

对比2022年实际结算结构居民结构量增加了24万立方米，该公司截至12月底（核查上报月）用气量1300万立方米（结算居民量400万立方米），清算结构量为76万立方米，居民结构量减少，公司需就76万立方米的价差向客户进行清收。

第四章　天然气购销偏差结算管理

天然气资源的稀缺性、实际供用气量的不确定性及资源调配的困难性，决定了天然气区别于其他普通商品的特殊属性。天然气购销合同签订所约定的供用气量与最终实际供用气量都可能出现不一致。因此，合理定超、欠购销合同供用气量发生时的价款赔付条款与运算规则，是对天然气特有属性的充分尊重，也是对购销合同公平履约权责的有效维护。偏差结算与额外气是天然气购销合同中关于欠合同供用气、超合同供用气发生时一系列的履约条款约定。本章仅对天然气购销合同偏差结算管理作业务实践介绍。

第一节　偏差结算范围

根据当前天然气购销合同约定，西南油气田公司与客户合同履行中，发生短提或短供气量，实施偏差结算。其中，短提气量是指供气月买方在本合同项下实际提取气量少于本合同项下最小月气量的气量;短供气量是指本合同项下最小月气量与当月卖方在本合同项下买方实际供气量的差值。其中最小月气量的计算公式为:

最小月气量 = 最小日量 × 所在月天数 – D

其中:D 为供气月内因不可抗力、临时维修、应急调峰或水电路政影响未能供应或提取的全部数量之和;"最小日量"是日合同量乘以 0.96 所得结果。

以上内容具体解释为:

1. 偏差结算按月认定。

2. 供用气量小于最小月量(月合同量的 96%)时触发偏差结算机制。

3. 因卖方原因发生的偏差量为做短供气量,因买方原因发生的偏差量为做短提气量。

4. 供用双方因不可抗力、临时维修、应急调峰或水电路政影响发生的偏差可以不承担偏差责任。具体如图 3-56 所示。

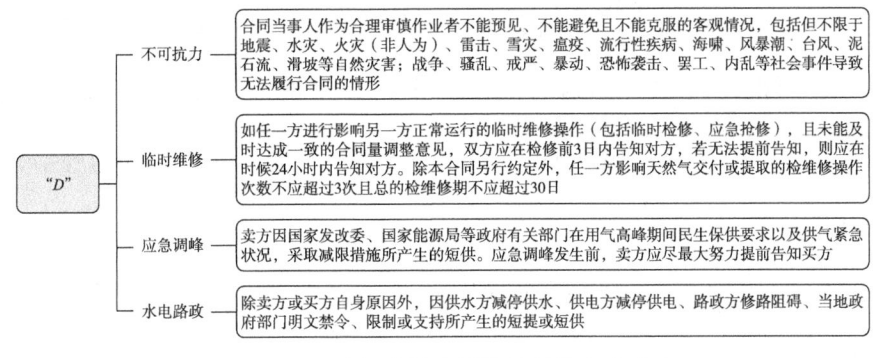

"D"	不可抗力	合同当事人作为合理审慎作业者不能预见、不能避免且不能克服的客观情况,包括但不限于地震、水灾、火灾(非人为)、雷击、雪灾、瘟疫、流行性疾病、海啸、风暴潮、台风、泥石流、滑坡等自然灾害;战争、骚乱、戒严、暴动、恐怖袭击、罢工、内乱等社会事件导致无法履行合同的情形
	临时维修	如任一方进行影响另一方正常运行的临时维修操作(包括临时检修、应急抢修),且未能及时达成一致的合同量调整意见,双方应在检修前 3 日内告知对方,若无法提前告知,则应在时候 24 小时内告知对方。除本合同另行约定外,任一方影响天然气交付或提取的检维修操作次数不应超过 3 次且总的检维修期不应超过 30 日
	应急调峰	卖方因国家发改委、国家能源局等政府有关部门在用气高峰期间民生保供要求以及供气紧急状况,采取减限措施所产生的短供。应急调峰发生前,卖方应尽最大努力提前告知买方
	水电路政	除卖方或买方自身原因外,因供水方减停供水、供电方减停供电、路政方修路阻碍、当地政府部门明文禁闭、限制或支持所产生的短提或短供

图 3-56 天然气购销合同偏差结算免责事由

在价款方面，买方应支付的短提价款为该供气月约定的合同内综合价格的 30%；卖方应支付的短供价款计算方式与买方完全对等，只是以折让的方式支付，即对实际供应气量中与短供气量相等的部分，买方按照该月合同内综合价格的 70% 支付。

第二节　偏差结算制度

为规范偏差结算，在《西南油气田公司天然气市场营销管理办法》中制定了天然气偏差结算管理制度相关规定。为进一步提升偏差结算依法合规管理水平，先后印发《关于进一步加强天然气偏差结算管理的通知》《进一步规范天气购销合同偏差结算工作的指导意见》的通知，明确了工作要求，明晰了管理程序，是西南油气田公司偏差结算管理的主要制度文件。偏差结算管理的总体要求是统一归口、业务主导、管办分离、分级负责，即：

1. 西南油气田公司营销部门履行偏差结算归口管理职能。

2. 西南油气田公司财务部门、生产运行部门、质量安全环保部门、企管法规部门、管道管理部门、计划财务部门等相关部门履行偏差结算业务指导职能。

3. 西南油气田公司所属有关单位营销、相关业务部门及下属单位履行偏差结算日常管理与执行职能。

第三篇 客户管理

西南油气田公司所属具体签约单位按月组织偏差结算认定会议，以"一户一议"的方式逐一审查事由是否符合合同约定。

第三节 偏差结算流程

为规范偏差结算，统一管理流程与工作程序，西南油气田公司在《进一步规范天然气购销合同偏差结算工作的指导意见》中对偏差结算流程及时间节点做出了明确规定。主要包括：建立制度规范、开展现场调查、编制会前资料、组织会议审查、完成偏差签认、总结分析报告等。具体流程如图3-57所示。

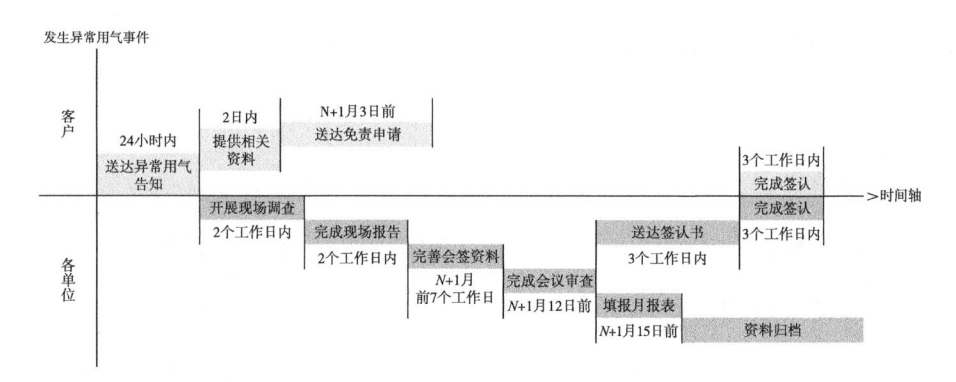

图3-57 天然气购销合同偏差结算流程

1.建立规范程序。西南油气田公司所属供气单位需立足本单位实际情况，按照天然气购销合同文本的约定及西南油气田公司偏差结算现行管理制度的要求，梳理偏差结算具体工作业务规范，建立健全偏差结算管理程序，编制本单位偏差结算流程规范。

2. 开展现场调查。收到客户关于第 N 月异常供用气告知后，西南油气田公司所属供气单位须在 2 个工作日内开展现场调查，核实现场情况、收集相关资料、确定受影响区域范围，并在现场调查后 2 个工作日内完成现场调查报告。

3. 编制会前资料。西南油气田公司所属供气单位需在第 $N+1$ 月的前 7 个工作日完成会前资料整理及材料编制：整理免责主张及证据资料、分类编制偏差结算或免责建议、计算拟结算或免责量价，为会议决策提供必要参考。

4. 组织会议审查。西南油气田公司所属供气单位需建立单位内部分级审查制度，并于第 $N+1$ 月 12 日前完成偏差结算会议审查。会上"一户一议"地审查免责事由、气量、价格及算法等是否依法合规，明确结算或免责量；会后及时完善按户现场调查报告，形成会议纪要并存档备查。

5. 完成偏差签认。西南油气田公司所属供气单位需根据本单位偏差结算认定会议审查结果，在会后 3 个工作日内向客户送达《天然气购销合同偏差结算责任认定意见及签认表》，送达后于 3 个工作日内完成签认。

6. 总结分析报告。西南油气田公司所属供气单位需做好周监控、月报表及月分析工作：每周四报送超欠合同监控、客户异常用气告知及现场调查工作进度；第 $N+1$ 月的 15 日前通过营销管理平台填报偏差结算报表；第 $N+1$ 月的 20 日前报送偏差结算工作月度分析总结报告。

7. 偏差资料归档。西南油气田公司所属供气单位需按户整理、按月归档偏差结算相关资料，相关资料包括但不限于：供用双方异常用气告知、供用双方关于偏差免责的申请、按户撰写调查报告、天然气购销合同偏差结算责任认定意见及签认表等。

第四节　偏差结算实操

偏差结算是天然气购销合同特有的条款，在普通商业合同及生活中不常见到，为方便读者理解偏差结算的具体运算、免责规则，本节以偏差发生案例进阶的形式，更加直观地展示偏差结算管理与实操方法。

一、偏差气量计算

原则上，偏差气量是最小月气量与实际用气量的差值，但实际工作中，因新项目、油田外购资源、线上交易、仓单交易等情况的存在，偏差气量的实际计算需要考虑多方面影响。

例 1：A 客户与西南油气田公司所属供气单位在购销合同中约定，N 月合同量 100 万立方米，实际总供用气量 90 万立方米，若无其他特殊情况，该月是否发生偏差？如果发生，偏差量是多少？

答：最小月气量 = 合同量 ×0.96=100×0.96=96 万立方米，实际供用气量不足 96 万立方米，则偏差气量 =96-90=6 万立方米。

例 2：若例 1 中 A 客户卖出第 N 月仓单 10 万立方米，该月是否发生偏差？如果发生，偏差量是多少？

答：最小月气量 =（合同量 - 卖出仓单量）×0.96=（100-10）×0.96=86.4 万立方米，实际供用气量超过 86.4 万立方米，则未发生偏差。

例 3：若例 1 中 A 客户买入第 N 月仓单 10 万立方米，该月是否发生偏差？如果发生，偏差量是多少？

答：最小月气量 =（合同量 + 买入仓单量）×0.96=（100+10）×0.96=105.6 万立方米，实际供用气量不足 105.6 万立方米，则偏差气量 =105.6-90=15.6 万立方米。

例 4：若例 1 中 A 客户参与线上交易，并买入第 N 月线上额外气 10 万立方米，该月是否发生偏差？如果发生，偏差量是多少？

答：最小月气量 = 合同量 ×0.96=100×0.96=96 万立方米，合同内实际供用气量 = 总供用气量 - 线上额外气量 =90-10=80 万立方米，合同内实际供用气量不足 96 万立方米，则偏差气量 =96-80=16 万立方米。

例 5：若 A 客户第 N 合同量共计 100 万立方米（原项目 60 万立方米、新项目 40 万立方米），实际总供用气量 100 万立方米（原项目 65 万立方米、新项目 35 万立方米），该月是否发生偏差？如果发生，偏差量是多少？

答：该客户原项目与新项目偏差气量应分别计算。原项目部分：用气量超过合同量，未发生偏差；新项目部分：最小月气量＝合同量×0.96＝40×0.96＝38.4万立方米，实际供用气量不足38.4万立方米，则偏差气量＝38.4－35＝3.4万立方米。综上所述，客户该月偏差气量为3.4万立方米。

二、偏差责任认定

根据购销合同履行过程中的实际具体情况，因卖方原因发生的偏差气量被称作短供气量，由卖方承担补偿责任及免责证明责任；因买方原因发生的偏差气量被称作短提气量，由买方承担补偿责任及免责证明责任。

例6：B客户与西南油气田公司所属供气单位在购销合同中约定，N月合同量100万立方米，实际总供用气量90万立方米，该客户用气非常均衡，该月天数共计30天，5～10日卖方管线临时维修停止供气5天，无其他特殊情况，该月偏差应由哪方承担责任？

答：由于客户用气均衡，5～10日期间因卖方原因发生偏差量＝（月合同量×影响天数／当月总天数）×0.96－影响期间实际供用气量＝100×5/30×0.96－0＝16.6667万立方米，大于月偏差量6万立方米，该月偏差由卖方承担，偏差气量6万立方米是短供气量。

例7：若例6中卖方管线临时维修仅在N月5日停止供气1天，

该月偏差应由哪方承担责任？

答：由于客户用气均衡，5日期间因卖方原因发生偏差量=（月合同量×影响天数/当月总天数）×0.96-影响期间实际供用气量=100×1/30×0.96-0=3.3333万立方米，小于月偏差量6万立方米，则该月偏差气量中，卖方承担3.3333万立方米短供责任，买方承担6-3.3333=2.6667万立方米短提责任。

实际工作中，客户均衡用气的情况少之又少，卖方临时维修造成的短供气量的计算需要结合实际进行计算，也需要以"一事一议"的方式集体决策，此处不能穷举。

三、客户偏差结算

在某些情况下，跨单位共管客户与跨板块共管客户在偏差结算时可能会存在合并计算的情况，但相关金额的归属最终还是要具体划归到具体单位和管理板块。

例8：C客户由甲、乙单位共同供气，在甲单位合同量100万立方米，用气量80万立方米；在乙单位合同量200万立方米，用气量200万立方米。该客户供气区域无法区分，且根据文件规定和合同约定，该客户的偏差结算合并计算，该客户是否发生偏差？偏差气量是多少？偏差气量在甲乙单位间如何分配？若该客户该月加权后的综合均价为1.6元/立方米，偏差金额在甲乙单位间如何分配？

答：最小月气量=（合同量1+合同量2）×0.96=（100+200）

×0.96=288万立方米，实际供用气量 = 实际供用气量1+ 实际供用气量2=80+200=280万立方米，故发生偏差气量=288-280=8万立方米，偏差金额 = 偏差气量 × 加权方式确定的综合均价 ×0.3=8×1.6×0.3=3.84万元。对于跨单位合并计算偏差的，偏差气量与偏差金额均按照当月合同占比分摊，即：

C客户在甲单位气量=8×100/（100+200）=2.6667万立方米，金额=3.84×100/（100+200）=1.28万元。在乙单位气量=8×200/（100+200）=5.3333万立方米，金额=3.84×200/（100+200）=2.56万元。

实际工作中，涉及合并计算偏差的具体情况不止于此，案情也更为复杂，需严格按照合同约定与西南油气田公司制度规定具体情况具体分析。

第四篇

客户服务

西南油气田公司天然气客户服务以建立健全客户经理制服务为基础，实时开展客户售前、售中和售后服务，不断优化客服方式方法，提高客服质量。日常主动地与客户开展业务咨询和沟通互访，有针对性地高效答复解决客户需求诉求，提高客户满意度，充分维护西南油气田公司良好企业形象，全力营造稳固和谐的营商环境。具体为建立实施客户经理制、开展客户满意度调查和客户评价等服务内容。

第一章 客户经理制

西南油气田公司为充分调动广大营销员工的积极性和主动性，提高客户服务效率，提升客户服务质量。在日常客户服务中，学习借鉴提出了建立实施客户经理制的服务理念，明确客户经理是经西南油气田公司和西南油气田公司所属供气单位授权向潜在客户给予引导，向待用气客户予以关注，向现有客户提供服务的"客户服务人员"，是西南油气田公司"以客户为中心"落实客户全生命周期管理服务的"专兼职客户经理服务员"。

第一节 客户经理制范围

西南油气田公司根据客户服务需求诉求的不同层级、来源和侧重点，构建了现场专职客户经理、各供气单位和有关业务部门兼职客户经理服务架构及客户经理队伍，作为公司服务客户的连接桥梁和纽带。公司客户经理制适用于西南油气田公司客户经理管理、服务规范和日常工作。

第二节 客户经理制制度

目前西南油气田公司作为在天然气直供领域提出客户经理制理念和服务规范的天然气供应企业，在经过3年试点服务的基础上，于2018年编制发布了《西南油气田公司天然气客户经理制工作实施细则（试行）》，2023年完善修订并正式发布《西南油气田公司天然气客户经理制管理细则》。

第三节 客户经理制流程

为规范西南油气田公司客户经理服务，明确客户经理内涵和具体业务，打造优秀天然气客户经理队伍，西南油气田公司制定了客户咨询解答、客户投诉处理、客户停用挽留和客户紧急事件处理流程，为客户经理服务客户提供流程指引。具体客户经理服务流程如图4-1所示。

客户经理服务关键流程

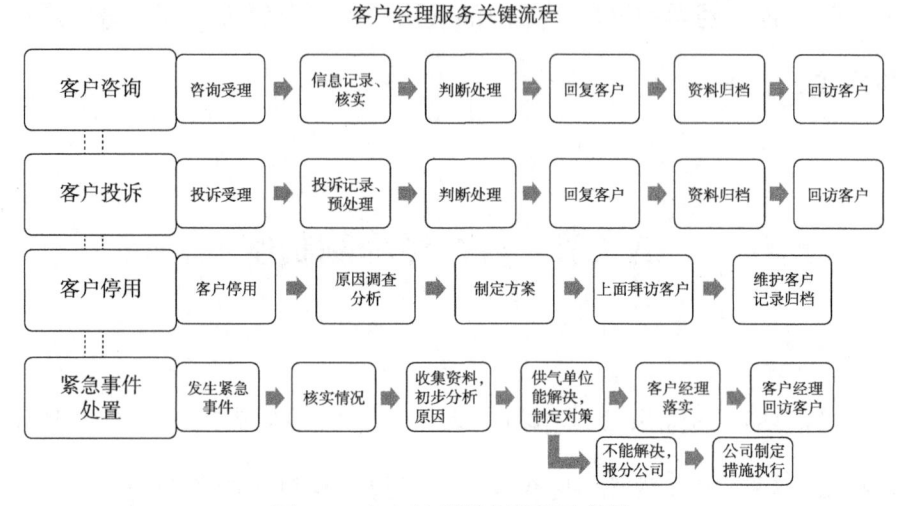

图4-1 客户经理服务流程示意图

第四节　客户经理制实操

西南油气田公司客户经理坚持"三不"营销服务态度，积极践行"四个一"营销工作法，主动开展全生命周期客户服务。主要包括客户经理的日常管理、资料管理、客户服务等三个方面。

一、日常管理

（一）编制服务计划

建立客户经理日常管理规范，合理分配时间，分解服务工作任务到日、周、月、年，并做好相关服务记录与管理。客户经理根据分配服务客户，结合西南油气田公司及所属单位的年度工作计划，编制个人年度客户服务工作计划，工作计划内容要与服务客户的年度发展目标、经营指标和用气需求等充分融合。各服务站或现场管理机构在充分融合各客户经理年度服务工作计划的基础上，制定年度客户服务工作计划，并于1月底将该工作计划上报至所属单位营销部门，汇总形成年度服务工作计划后，将客户经理服务工作计划作为本单位年度工作计划的必要内容，并在此基础上将客户经理服务工作要点，编入单位年度工作要点，并将重要、大型和关键的客户服务要点列入营销部门负责人的年度工作计划中，予以管理与考核。并按日制订服务工作计划，按周做好服务监控分析，按月做好服务分析报告。

（二）日常服务要求

安排日常客户走访路线、时间，确定走访对象；走访前需做好准备，对当日服务对象生产情况、用气情况提前了解；根据客户生产安排、联系人时间安排选择好服务时间、服务方式；调查客户情况，发现客户异常情况及时处理解决，根据客户情况变化，及时调整工作计划，并采取应急措施。此外要对每家客户进行定期电话回访，对提出到访的客户，做好背景资料整理收集、公司近期政策的学习，接待好客户来访。

（三）周服务监控

客户经理按周进行工作回顾和本周工作重点计划，在现场办公场所做好服务资料留存（见表4-1），为其他人员交接管理提供支撑，并就本周客户服务的问题于周四报销售部，由销售部分析情况重要程度，决定是否报西南油气田公司予以关注或协调解决。

表 4-1　客户经理周重点工作计划表

上周重点工作完成情况及本周重点工作计划（＊月第＊周）					
客户经理	序号	上周重点工作	完成情况	完成时间	备注
XXXX	1				
	2				
客户经理	序号	本周重点工作安排		预计完成时间	备注
XXXXXX	1				
	2				

（四）月服务分析报告

客户经理须根据油气营销平台所提供的数据，按月对负责客户的用气情况，区域市场变化以及存在问题进行分析报告，对异常问题提出解决方案，跟踪整改实施。

二、资料管理

各单位服务站或现场管理机构应在客户经理个人工作记录的基础上，规范基础资料管理，为高质量、可延续性地开展客户服务，为油气田公司"以客户为中心"的客户经理制服务合规有效，规范管理资料如下：

1.客户的资质证照复印；

2.客户的最新档案和历史档案；

3.客户的走访、到访记录；

4.客户问题及处置台账；

5. 客户经理学习材料；

6. 本服务站或现场管理机构电话记录本。

三、客户服务

客户经理在日常工作中要严格遵守西南油气田公司业务规范，确保客户服务高标准、高质量地开展，树立西南油气田公司客户服务品牌，依法合规确保客户感受到优质服务，增强客户服务体验感、获得感。

（一）客户拜访

客户经理需根据西南油气田公司工作计划和客户的关键节点，不定期进行客户拜访，拜访工作需充分考虑客户的行业属性、用气情况、近期工作安排等确定拜访的方式、时间和内容。客户拜访制度建立，有利于客户经理与客户的沟通常态化，如图4-2所示。

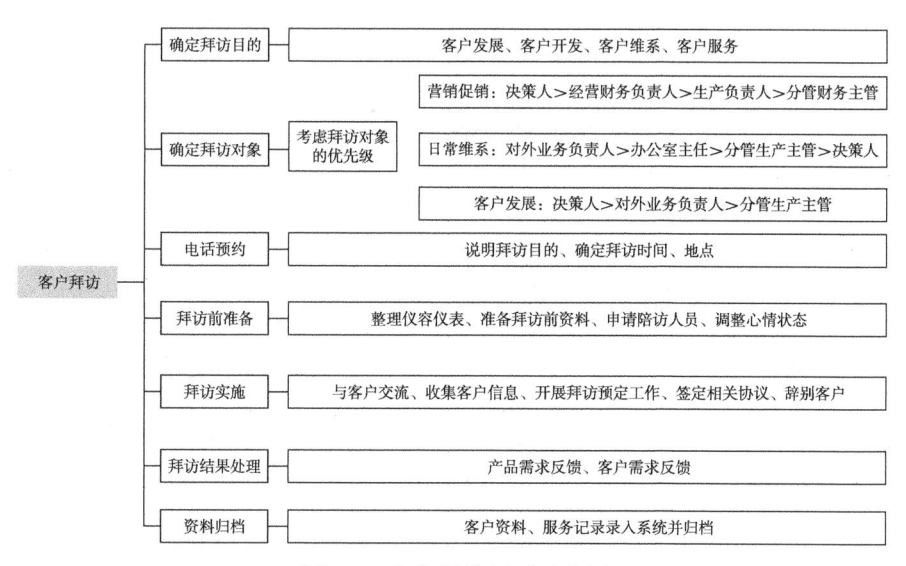

图4-2 客户拜访概要示意图

（二）客户咨询

为优化客户服务，前置跟踪客户诉求，及时处理客户咨询的问题。客户经理作为与客户的直接联系人，负责对客户提出的产品销售、使用过程中的问题咨询进行受理，受理按照"首问问责制"的要求进行处理。对于客户经理本人不能处理的问题，在转交报告问题后，必须对问题的答复进行跟踪，每三个工作日进行一次回复，直至问题解决（如图4-3所示）。

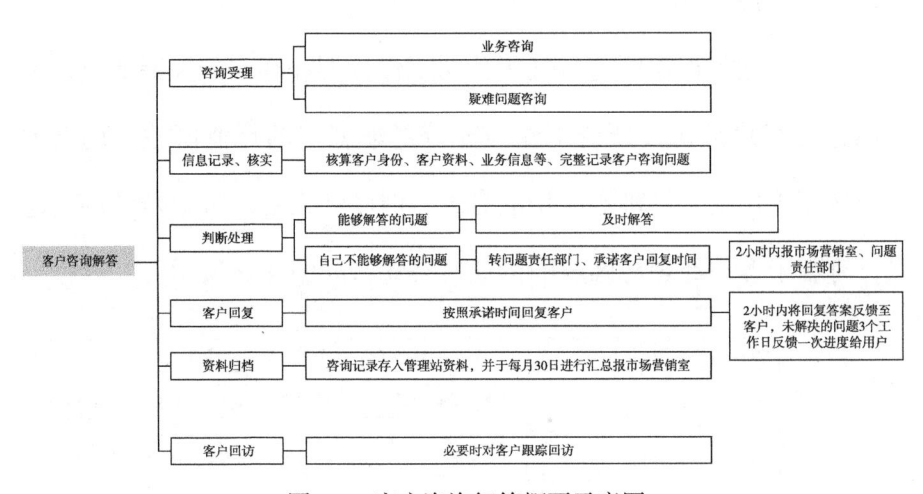

图4-3　客户咨询解答概要示意图

（三）客户投诉

针对客户提出的投诉，客户经理按照"首问问责制"及时进行处理、转达、跟踪，避免由于投诉处理不当，带来的不良影响（如图4-4所示）。

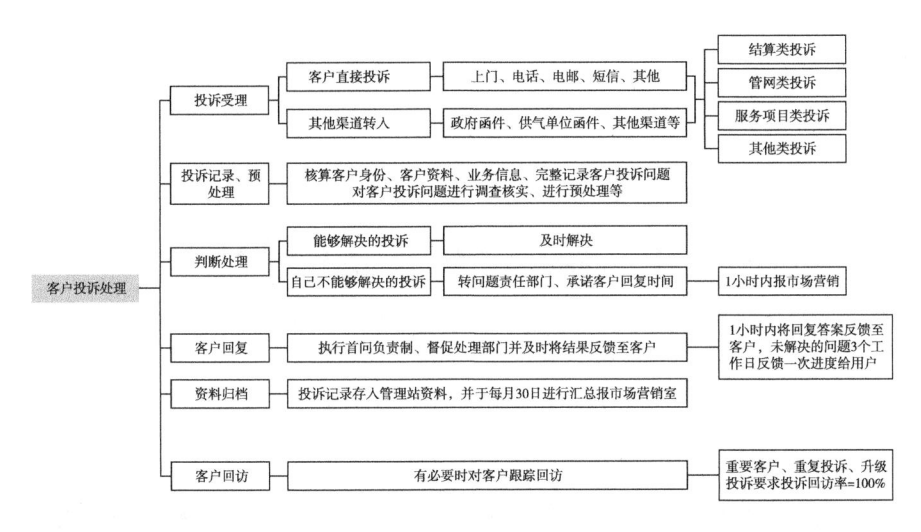

图4-4　客户投诉处理概要示意图

（四）账务管理

天然气销售作为市场化的行为，销售天然气收取气款是客户经理服务职责。客户经理作为直接面对客户的服务人员，与客户衔接最为紧密，对客户"先款后气"预付气款的账务管理是日常服务工作重点，也是客户经理开展客户管理与服务的红线，主要包含预付气款监控和发票管理两个部分（如图4-5所示）。

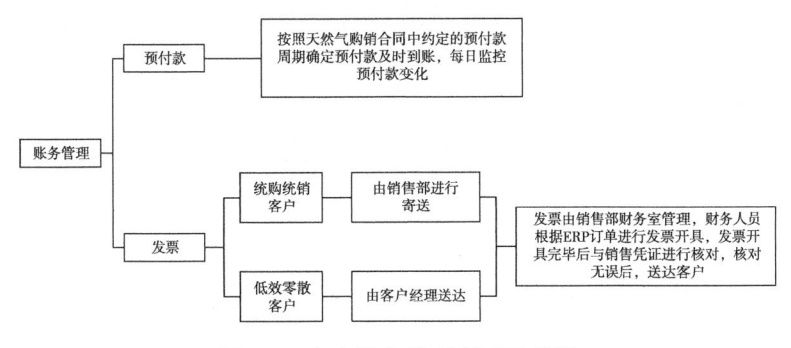

图4-5　客户账务管理概要示意图

第二章　满意度调查

为真实掌握客户对西南油气田公司天然气产品、市场营销及客户服务等的满意度，及时改进管控服务方向，优化客户管理与服务方式，制定有效管理与服务措施，提升客户满意度与忠诚度，创建和谐的营销环境，坚持按年度组织开展客户满意度调查。

第一节　满意度调查范围

每年按照产品质量、服务质量和服务态度编制客户满意度调查指标项和调查问卷，通过优服宝APP对上年度用气的直供天然气客户开展满意度调查。同时，按照专业公司要求，配合开展中国石油天然气客户的在线满意度调查，并就调查结果编制调查分析报告，通报客户满意度。

第二节　满意度调查制度

为满足 QHSE 管理要求和不断提升西南油气田公司客户服务质效的工作目的，西南油气田公司遵循企业标准的满意度调查时限和专业公司的调查要求，明确西南油气田公司天然气满意度调查适用制度。满意度调查制度见表 4-2。

表 4-2　适用客户满意度调查制度表

序号	名称	现行版本	层级	发布单位	适用部分
1	健康、安全与环境管理体系	Q/SY 08002.1—2022	企业标准	集团公司	产品满意度调查
2	专业公司通知文件	逐年更新	要求	专业公司	全文
3	公司 QHSE 体系管理手册	2021 年版	公司办法	西南油气田公司	9.1 顾客满意
4	公司天然气市场营销管理办法	2021 年版	管理细则	西南油气田公司	第四十五条

第三节　满意度调查流程

西南油气田公司根据天然气市场营销管理实际，在 QHSE 相关制度和中国石油开展客户满意度调查的要求下，建立天然气客户满意度调查流程。具体流程如图 4-6 所示。

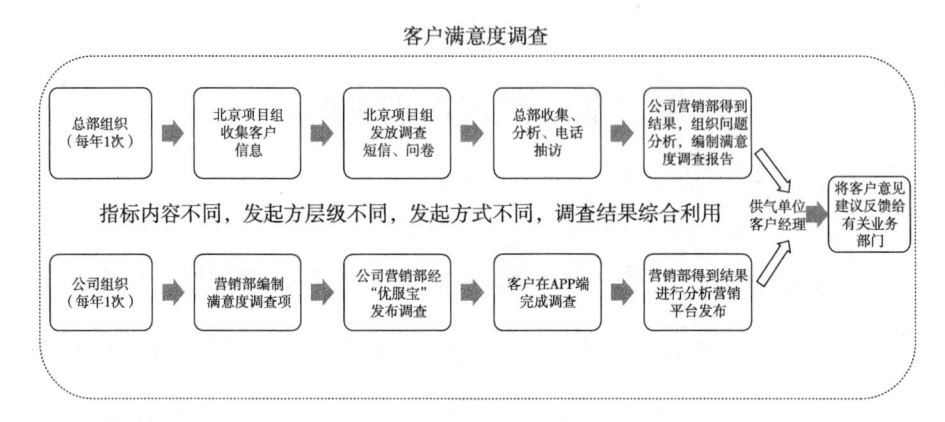

图4-6 客户满意度调查流程示意

第四节　满意度调查实操

天然气客户满意度调查开展分为专业公司直接在线面向客户的满意度调查，以及油气田公司通过优服宝APP开展的满意度调查。

一、专业公司满意度调查

1.前期准备：收到专业公司的开展天然气客户满意度调查要求后，及时通知各单位更新客户的接受调查以及备选接受调查客户联系方式，油气田公司所属供气单位报油气田公司营销部门整理核实后，报专业公司开展调查。

2.调查开展：专业公司安排客户系统运维后台发送调查短信到客户，开展满意度调查。油气田公司所属供气单位客户经理一对一督促客户配合接受满意度调查，并跟踪监控上报满意度调查完成进度。以2023年专业公司满意度调查为例，从供应数量、销售价格、天然气质量、供气压力、合同执行情况、计量交付准确性、企业沟通、问题响应及处理效率和服务态度九个方面以"10分"为满分进行满意度打分测评，并对"不满意的地方"和"有无计划从其他供应商采购天然气"进行了重点调查。

3. 调查分析：专业公司反馈调查结果，西南油气田公司收到调查结果后，组织各供气单位开展满意度调查结果分析，对重大问题、现场管理问题、服务问题做出原因分析、提出解决措施和闭环整改。西南油气田公司收到各单位满意度调查分析报告后，向专业公司编报满意度调查报告（如图4-7所示）。

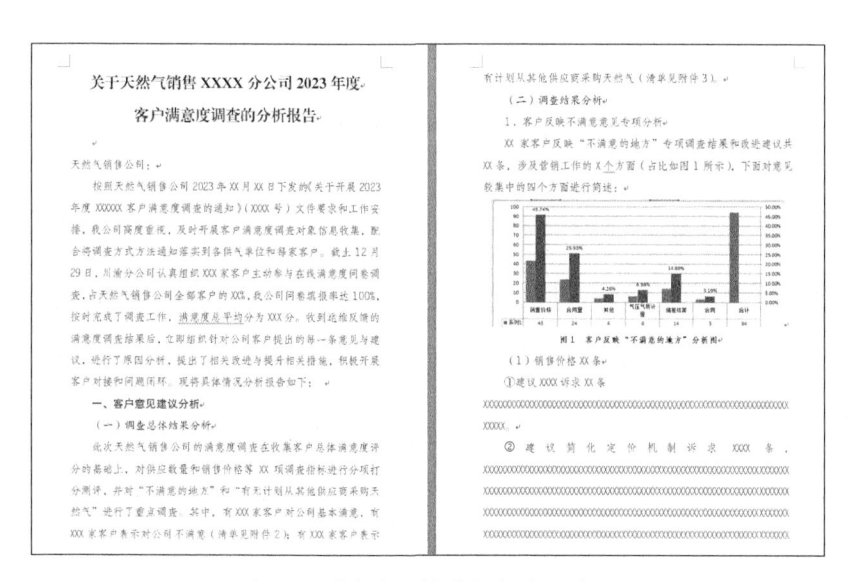

图4-7 满意度调查分析报告示意图

二、西南油气田公司满意度调查

1.前期准备：编制满意度调查问卷（如图4-8所示），对接西南油气田公司系统运维，导出客户清单和账户信息，确认客户优服宝APP能正常登录。

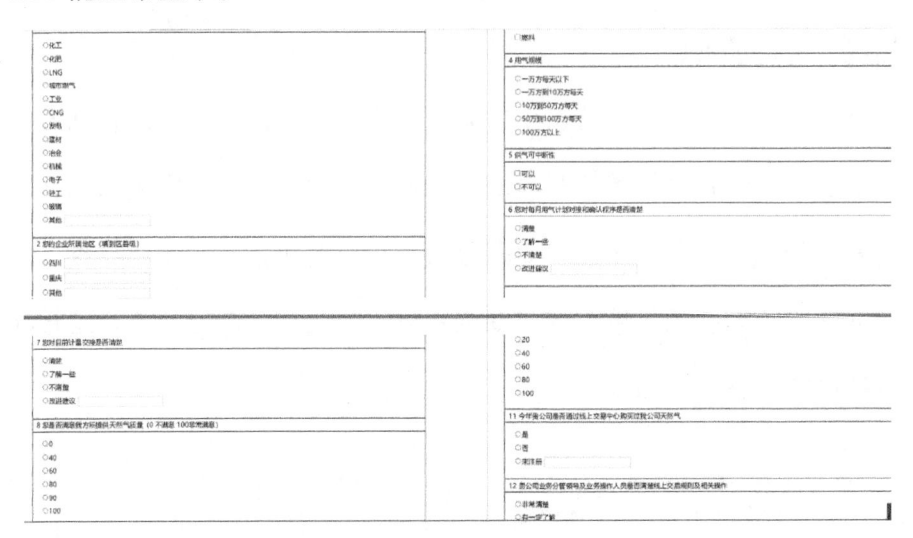

图4-8 客户满意度调查问卷

2.调查开展：组织优服宝APP运维后台编制和发布天然气客户满意度调查问卷，开展满意度调查。西南油气田公司所属单位客户经理一对一督促客户配合接受满意度调查，并跟踪监控上报满意度调查完成进度。以2023年西南油气田公司开展满意度调查为例，分别向客户就每月用气计划对接和确认程序清楚程度、目前计量交接是否清楚程度、天然气质量、是否清楚目前我公司的价格政策、对我方受理问题的及时性是否满意、是否通过线上交易中心购买过我公司天然气、业务分管领导及业务操作人员是否清楚线上交易规则及相关操作、对客户经理的服务是否满意、对于客户经理的服务相对满意的具体方面、不选择向所匹配的客户经理反映诉求的原因、希望我公司以后在哪些方面加强和其他意见等 12 项内容进行了在线问卷调查。

3. 调查分析：通过优服宝 APP 推送到西南油气田公司营销平台的调查数据（见表 4-3），进行分析（见图 4-9），形成满意度调查结果，通过平台展示。同时，汇编满意度调查意见、建议和问题中需要解决的问题，及时督促西南油气田公司所属供气单位进行原因分析、制定解决措施，并闭环整改。

表 4-3 客户满意度调查评分样表

单位	产品质量满意度（问卷第 9 题）	产品满意度打分汇总	服务质量（问卷第 10 题）	服务质量满意度打分汇总	服务态度（问卷第 11 题）	服务态度满意度打分汇总	各单位总打分（有公式）
A 单位	非常满意（100 分）	90.25	非常满意（100 分）	93.12	非常满意（100 分）	96.11	93.16
	满意（0＜满意≤100）	9.75	满意（0＜满意≤100）	6.88	满意（0＜满意≤100）	3.89	6.84
	不满意（0 分）	0	不满意（0 分）	0	不满意（0 分）	0	0
B 单位	非常满意（100 分）	92.1	非常满意（100 分）	96.2	非常满意（100 分）	96.8	95.03333333
	满意（0＜满意≤100）	7.9	满意（0＜满意≤100）	3.8	满意（0＜满意≤100）	3.2	4.966666667
	不满意（0 分）	0	不满意（0 分）	0	不满意（0 分）	0	0
C 单位	非常满意（100 分）	88.86	非常满意（100 分）	93.22	非常满意（100 分）	92.78	91.62
	满意（0＜满意≤100）	11.13	满意（0＜满意≤100）	6.78	满意（0＜满意≤100）	7.22	8.376666667
	不满意（0 分）	0	不满意（0 分）	0	不满意（0 分）	0	0

续表

单位	产品质量满意度（问卷第9题）	产品满意度打分汇总	服务质量（问卷第10题）	服务质量满意度打分汇总	服务态度（问卷第11题）	服务态度满意度打分汇总	各单位总打分（有公式）
D 单位	非常满意（100分）	96.21	非常满意（100分）	99.11	非常满意（100分）	100	98.44
	满意（0＜满意≤100）	3.79	满意（0＜满意≤100）	0.89	满意（0＜满意≤100）	0	1.56
	不满意（0分）	0	不满意（0分）	0	不满意（0分）	0	0
E 单位	非常满意（100分）	91.05	非常满意（100分）	94.45	非常满意（100分）	98.88	94.79333333
	满意（0＜满意≤100）	8.95	满意（0＜满意≤100）	5.55	满意（0＜满意≤100）	0.12	4.873333333
	不满意（0分）	0	不满意（0分）	0	不满意（0分）	0	0
F 单位	非常满意（100分）	80.15	非常满意（100分）	90.47	非常满意（100分）	95.74	88.78666667
	满意（0＜满意≤100）	19.85	满意（0＜满意≤100）	9.53	满意（0＜满意≤100）	4.26	11.21333333
	不满意（0分）	0	不满意（0分）	0	不满意（0分）	0	0

图 4-9　客户满意度调查分析类表

第三章 客户评价

按照天然气客户提供"高质量、差异化"的服务要求，为提高精益化客户管理与客户服务质量与水平，西南油气田公司以"多维度评价与细分客户，持续提升客户分级分类管理质效"为原则，针对西南油气田公司客户用气实际情况，建立健全客户评价指标体系与评价方法，按年开展客户评价，根据评价结果进行客户分级分类管理。

第一节 客户评价范围

西南油气田公司客户评价是按照"客观为主，主观为辅；公开公正，一视同仁"的原则，按年对现有直供客户用气开展评价。主要以客户利润、销售量、发展潜力、忠诚度、客户协作等直接价值与间接价值指标和影响度，主要采用客观数据分析法与主观判断法相结合的方式进行评价。

第二节 客户评价制度

西南油气田公司为规范天然气客户评价,以《西南油气田公司天然气市场营销管理办法》开展客户评价的相关规定要求,统一评价标准,统一评价程序和方法,并根据年度实际供用气情况进行评价指标调整与方法优化。按年评价发现优质高效客户,并将评价结果适时发布在营销业务管理平台,为天然气营销管理与服务工作提供引用和运用支撑。

第三节 客户评价流程

西南油气田公司天然气直供客户评价按年组织,由所属各供气单位具体组织一对一客户开展评价,分析评价数据,编制评价报告,营销部门汇总分析后,编制西南油气田公司客户评价分析报告,并将客户评价结果及时反馈给客户,具体流程如图 4-10 所示。

公司组织（每年1次）→ 供气单位根据工作实际开展客户评价 → 供气单位编制报告 → 营销部收集、分析 → 形成客户评价报告 → 将客户评价结果反馈给客户

图4-10 客户评价流程图

第四篇　客户服务

第四节　客户评价实操

基于天然气市场形势复杂多变,营销策略适时调整的实际情况,优化主观评价指标占比,增加客观评价指标,确保评价结果的客观性和可用性,努力辨析和维护油气田公司高端高效高价值客户。主要包括利润、销售量、发展潜力、客户信用、忠诚度、用气特性和协作7项一级指标,利润额、销售均价差、销量、销售增量、经营情况、预付款、资源份额、潜在流失风险、可中断性、用气稳定性、居民量、调峰能力、旺淡季峰谷比、工作配合度、合同符合率和计划符合率16项二级指标。

1.评价准备:西南油气田公司根据上年供用气实际情况和本年评价工作安排进行客户评价指标的修订,并在西南油气田公司营销业务管理平台进行客户年度评价指标更新和评价表设置发布(如图4-11所示)。

图4-11　系统平台客户评价表

2. 评价开展：各单位在营销业务管理平台上进行相应指标的打分，其中"均价差、利润额值"等全西南油气田公司拉通排名赋值的项，须在规定时点前完成录入，西南油气田公司营销部门进行全公司拉通排名，根据评分说明按照排序进行赋分，导入系统，各单位在要求时点内完成客户所有指标的评分，扣分进行原因备注。

3. 评价分析：营销部门将对所有客户的评价结果按总分进行排序，并按排名前10%为"A级客户"，排名前10%~55%（不含10%）为"B级客户"，排名后5%~35%（不含5%）为"C级客户"，排名后5%为"D级客户"，根据各单位评分排名形成西南油气田公司的客户评级，排名法确保各星级客户群呈正态分布。

4. 结果运用：客户评价结果经西南油气田公司组织评议后由各供气单位向客户通报。供气单位根据评价结论针对不同级别的客户，实施个性化、专业化的优质服务，不断提升客户满意度和忠诚度。

对于A级客户：满足其用气需求，在资源量有保证的前提下，优先考虑其市场发展带来的用气增量；作为日常重点优先服务客户对象。

对于B级客户：基本满足其用气需求，在资源量有保证和A级客户需求得到满足的情况下，优先考虑其市场发展带来的用气增量。

对于C级客户：在资源有保证和C级以上客户需求得到满足的情况下，基本满足其月度用气需求，在资源紧缺的情况下，按照客户信用评价得分给予适当的减控。

对于 D 级客户：在资源有保证和 D 级以上客户需求得到满足的情况下，基本满足其月度用气需求，按照预收气款情况严格监控其月度用气量，在资源紧缺的情况下，按照客户信用评价得分和预收气款严格控制用气量；严格监控其经营状况，防止出现欠款。

第五篇

应用系统

随着信息化、数字化和智能化技术的飞速发展与进步,西南油气田公司大力推进天然气营销管理与信息系统的融合发展,持续提升信息化、数字化和智能化的客户管理能力与服务水平。近年来,在全面建设数字化油气田的进程中,为满足天然气客户"用上气、用好气、用稳气"的信息化服务需求,西南油气田公司大力推动天然气客户管理、合同管理及客户服务与现代网络信息技术充分地结合,着力建设与应用天然气营销业务管理平台和优服宝APP客服平台,以实时便捷高效精准的自动化、信息化、数智化、有效化管理与客服方式,全力提升客户满意度和忠诚度,努力为客户成长增动力,为公司全面实现现代化市场营销奠定基础。

第一章　客户管理系统

天然气客户信息化管理作为天然气市场营销管理的重要环节，通过多年系统建设与应用，目前，西南油气田公司天然气客户管理主要通过中国石油统建的 MDM、BPM、B3、A13 和西南油气田公司自建的营销业务管理平台实现了信息化管理。

第一节　公共数据编码平台（MDM）

MDM 平台是中国石油统建的公共数据平台，后台集成了管道与勘探天然气客户主数据、销售主数据、财务主数据等，最终生成 MDM 客户编码。目前此平台中的天然气客户编码是客户身份标签码，具有唯一性，可在中国石油统建系统中识别客户。

各单位在启动立户时，可在 MDM 系统上进行客户信息的上报（如图 5-1 所示），经本单位填报审批后，到西南油气田公司由相关部门人员审批后，到中国石油各业务岗位审批，全部审批环节完成后将显示通过，并形成 MDM 代码。该系统审批需将客户的批文、资质证照信息上传至系统邮箱，同步发送给西南油气田公司营销部门。客户的信息变更按同样流程操作。

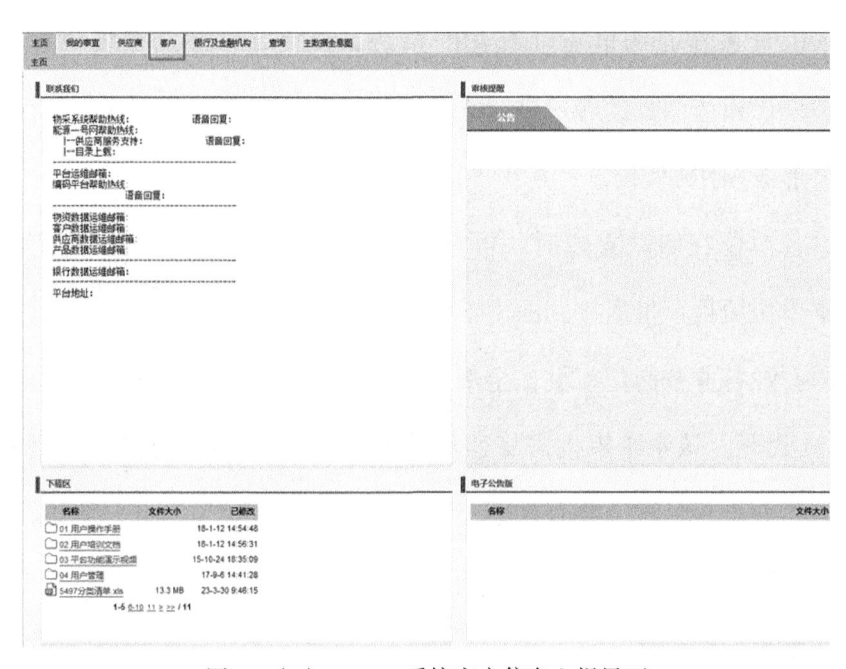

图5-1（a） MDM系统客户信息上报界面

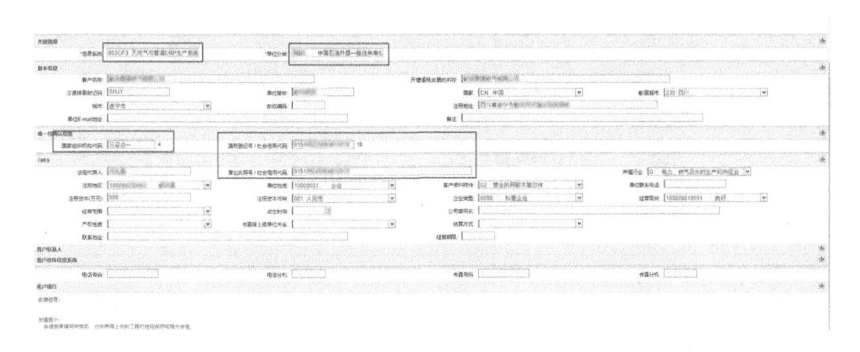

图5-1（b） MDM系统客户信息上报界面

第二节　业务流程审批系统（BPM）

BPM系统是中国石油统建的系统，仅负责管理勘探板块客户，对在勘探板块结算的客户进行立户、变更和调整审批，完成审批后同样会形成MDM代码。

各单位在启动立户时，可在BPM系统上进行客户信息的上报，经本单位填报审批后，到西南油气田公司由相关部门人员审批后，到中国石油各业务岗位审批，全部审批环节完成后将显示通过，并形成MDM代码。该系统审批需将客户的批文、资质证照信息作为附件在立户界面进行上载，并且在创建界面上"申请人信息"部分明确写明办文原因，同步将相关资料发送给公司营销部门。客户的信息变更按同样流程操作。

图5-2（a）　BPM系统客户信息上报界面

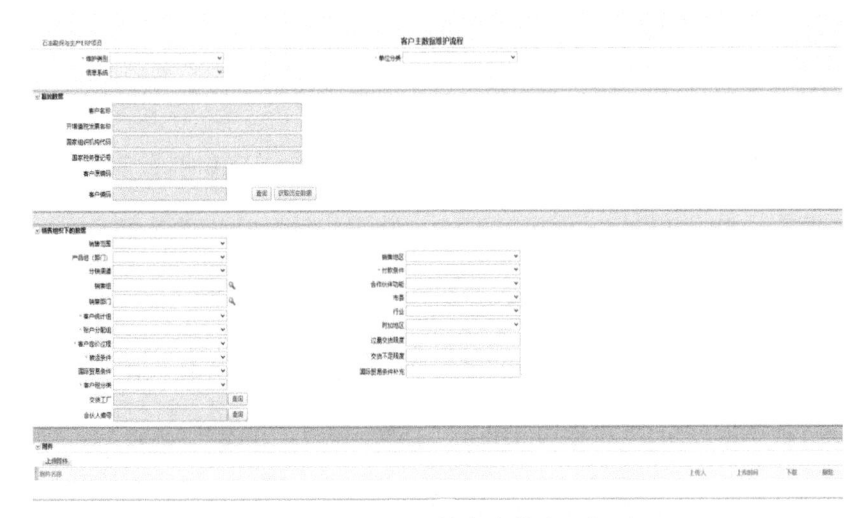

图5-2（b） BPM系统客户信息上报界面

第三节　客户关系管理系统（B3）

B3系统是天然气销售专业公司统建的客户关系管理系统，在天然气销售运行管理（A13）系统全面上线后，B3系统逐渐成为客户管理的基础支持系统，电子销售系统、A13系统的立户均须先在B3上完成立户。B3系统主要对统购统销天然气直供客户进行立户、调整管理，零散气客户通过运维处理创建点位。

各单位在启动立户时，需先确定该客户是否通过天然气销售专业公司投产计划审批，经过审批的客户可在B3系统上启动立户流程，完成客户信息的上报，经本单位填报审批后，到西南油气田公司由营销部门分管领导审批后，到天然气销售市场营销部门业务主管岗位审批、部门领导审批，然后进入天然气运行系统（A13）审批，A13系统审批需各单位提供签订完毕的合同、计量协议，由营销部门对接专业公司总调部审批完后，回到B3运维完成B3立户（如图5-3所示），系统将客户状态调整为"在用气客户"。该系统审批需将客户的资质证照信息在立户界面进行上载。

客户更名审批由各供气单位在B3上进行更名发起，由西南油气田公司营销部门分管领导审批即可生效。

图5-3（a） B3系统客户立户界面

图5-3（b） B3系统客户立户界面

第四节　电子销售系统（C2）

电子销售系统（C2）由天然气销售专业公司统建，可以发起（统购气、零散气、应签未签订单、油田转换）年度合同审批、年度合同变更、结算等。在客户管理业务中对电子销售系统运用侧重于前期的客户创建，支持后续相应功能的作用发挥。目前根据业务，各单位需要对所有客户在系统中进行合同录入，所以需要所有客户创建电子销售系统账户。

电子销售系统（C2）的客户创建由系统运维完成，不需要供气单位进行操作，各单位仅需关注客户是否创建成功。在客户已经完成B3立户后，营销部门将催促系统运维完成电子销售系统立户。

第五节　营销业务管理平台

营销业务管理平台是西南油气田公司自主设计、开发、应用与维护的自建系统平台，也是西南油气田公司天然气客户管理的主要系统。随着油气田公司营销业务管理平台的上线运行，原有的纸质运维单已取消，客户的立户、分户、并户、更名、注销、档案修订和客户评价等客户管理业务均移至营销业务平台，在线上完成申报审查审批。

以客户立户为例，供气单位在核实客户具备相应批复文件，资质证照合规的情况下即可启动营销业务管理平台的立户发起（如图5-4所示）。立户有两个启动路径，从潜在客户发起和直接发起。

图5-4　营销业务管理平台客户立户界面

完成所有必填项录入后，经供气单位领导审批，然后进入营销部门审批，完成营销部门审批后该项流程完成。

第五篇　应用系统

第六节　系统关系

为实现天然气客户管理与服务的标准化、规范化和高效化，天然气客户管理需要信息化、数字化和智能化系统平台与应用工具。目前，西南油气田公司是以全面建设与应用营销业务平台为管理与服务天然气客户的基础信息化平台系统。同时，适时使用的统建 MDM、BPM、B3、A13、C2 五大系统，以及仅录入交接计量设备信息的昆仑能源生产管理系统（如图 5-5 所示，见表 5-1）。各平台系统间主要是以 MDM 和 BPM 系统为基础，以客户唯一系统编码进行客户的信息关联与共享应用。

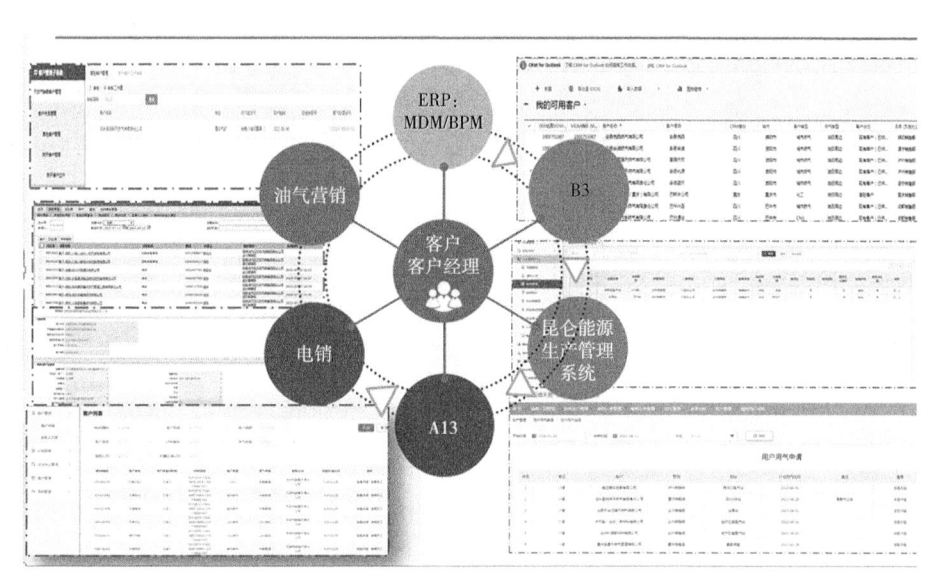

图5-5　客户管理系统关系图

147

表 5-1 客户管理系统关系对比表

项目	公共数据编码平台（MDM）	业务流程审批系统（BPM）	客户关系管理系统（B3）	电子销售系统	营销业务管理平台
归口管理部门	营销部	营销部	天分公司资源采购部	天分公司资源采购部	营销部
系统定位	客户基本信息建立 客户基本信息维护	客户基本信息建立 客户基本信息维护	客户基本信息建立 客户基本信息维护 天分公司统建系统客户信息的来源	创建客户账户用于合同录入、结算、交易	客户基本信息建立 客户基本信息维护 客户关系调整审批 客户评价、满意度调查 开展和结果展示
基础信息	客户名称 统一社会信用代码 客户开票信息 客户所属集团信息	客户名称 客户主数据	客户名称 MDM 编码 客户供气类型 客户类型	客户 MDM 编码	客户名称 客户基本信息 客户板块 客户开户批复文件
主要管理信息	客户开票信息 客户发货工厂信息	客户开票信息 销售组织信息	客户供气范围 客户资质信息 客户接管站点 客户投产计划情况	联系运维进行客户基本信息维护	客户资质信息及扫描文件 客户关系调整审批文件

第二章　合同管理系统

目前，西南油气田公司天然气购销合同主要涉及4个信息管理系统的应用，即营销业务管理平台、合同系统、电子销售系统、归集系统。4个系统建设与应用各有侧重，相互补充，对天然气购销合同管理合规化、信息化、自动化具有重要意义。熟练运用天然气购销合同实现管理相关系统，及时维护合同相关数据，有利于充分掌握天然气购销合同数据背后的产销规律、有利于西南油气田公司营销部门快速响应市场变化、有利于支撑西南油气田公司做出科学合规高效管理决策。

第一节　营销业务管理平台

天然气购销合同业务信息化管理是西南油气田公司自建营销业务管理平台功能模块之一，由西南油气田公司营销部门归口管理，该模块侧重合同实时数据的维护与管理。目前，主要功能包括签约批次管理、数据采集管理、数据汇总查询、合同履行监控等。下步将开发建设应用合同文本、合同签订、合同执行、合同监控等数字化合同管理。

一、签约管理

西南油气田公司营销部门在系统中按批文分批管理合同数据，完成调整批次维护后（如图5-6所示），系统自动生成该批文下的应签、实签录入功能，西南油气田公司所属供气单位按批文号录入具体客户的分月安排量与分月实签量。系统自动对所有批文号下具体客户分月应签、实签量进行汇总统计，生成系统相关数据。

图5-6　合同签订依据维护界面

二、数据采集管理

天然气购销合同应签、实签数据录入路径为：客户管理子系统——客户合同管理——合同签订管理——合同应签数据采集/合同实签数据采集（如图5-7所示）。具体采集方式为：选中正确的批文号——下载模板——在模板中录入相关数据——上传模板，确认无误后"上报"锁定。

图5-7 合同签订数据采集界面

三、数据汇总查询

天然气购销合同数据查询路径为：营销管理子系统——查询管理——综合数据查询，查询类型为：合同。支持起止时间、行业、终端、单位等条件筛选，可按条件查询汇总情况，也可查询分月或分年明细（如图5-8所示）。

图5-8 合同查询管理界面

四、合同履行监控

天然气购销合履行情况监控路径为：客户管理子系统——客户合同管理——合同监控管理。支持起止时间、行业、板块、地区等条件筛选，可按条件监控汇总情况，也可监控分月明细。默认的监控数据包括下达量、实签量、调整后应签量、调整后实签量、调整应签量、调整实签量及实际量等（如图5-9所示），其数据关系为：下达量 + 调整应签量 = 调整后应签量，实签量 + 调整实签量 = 调整后实签量。

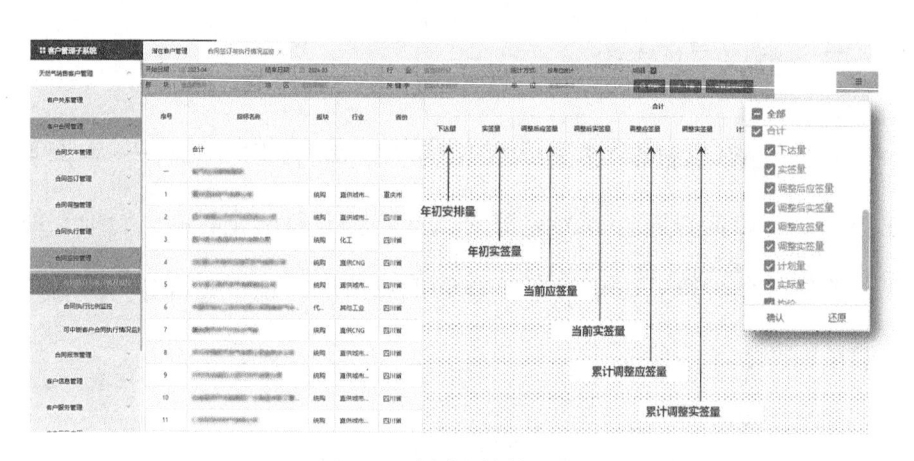

图5-9　合同监控管理界面

第二节　合同 2.0 系统

合同 2.0 系统是集团公司统建的合同相关业务申报录入、审查审批系统，由各级企管法规部门归口管理。该系统侧重合同的合规化签订与履约管理，天然气购销合同作为中国石油众多合同中的一类，签订形式是按照格式文本一年一签，在该系统中最主要的应用是合同申报、审查审批等功能。

一、合同申报

企管法规部门对合同管理系统中各类合同的申报的程序与细节作有详细的要求，仅就天然气购销合同的申报而言，特殊之处主要在于选择正确的标准文本，并在线编辑具体合同信息（如图5-10所示）。天然气购销合同申报及变更的签约依据一般为西南油气田公司营销部门印发的通知文件，相关资料包括客户资质证照、谈判记录单、合同量变更明细表、授权委托书等。

图5-10（a） 合同申报界面

图5-10（b） 合同申报界面

二、审查审批

天然气购销合同执行分级审批制，与西南油气田公司下属单位签订的购销合同由气矿级单位审查审批；与地区销售公司下属单位签订的购销合同，由气矿级单位审查后根据标的金额分级审结。其中：标的金额五千万以下的由气矿级单位审结；标的金额五千万至两亿的由西南油气田公司营销部门审结；标的金额两亿以上的由西南油气田公司相关业务部门、合同管理部门审查后，经西南油气田公司领导审批后审结。审查退回的，由承办人按意见修改（如图5-11所示）。

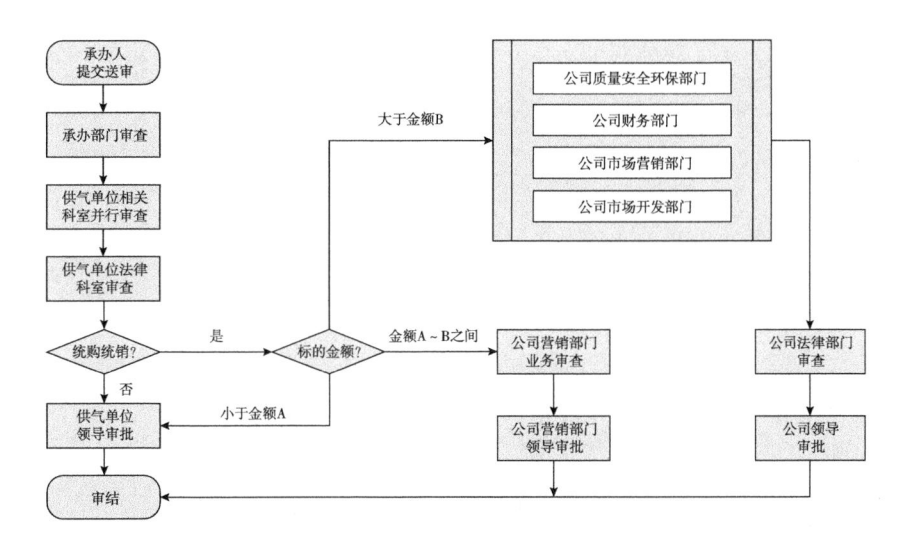

图5-11 合同审查流程示意图

第三节 电子销售系统

电子销售系统是专业公司统建的合同要素审批及管理系统，由资源采购部归口管理。该系统侧重于合同要素信息的录入及审批，目前只管理统购统销部分的天然气购销合同。该系统主要功能包括客户管理、合同协议管理、计划管理、管道气交易管理、结算管理、报表管理等，其中天然气购销合同主要涉及该系统的合同协议管理模块。

电销系统中，合同信息的录入与查阅可以逐一办理，也可以通过Excel批量导入导出的方式完成。批量录入合同要素时，下载模板并填入信息，批量导入模板表格、上传扫描件即可提交送审；查阅合同信息时，也能批量导出信息汇总表（如图5-12所示）。

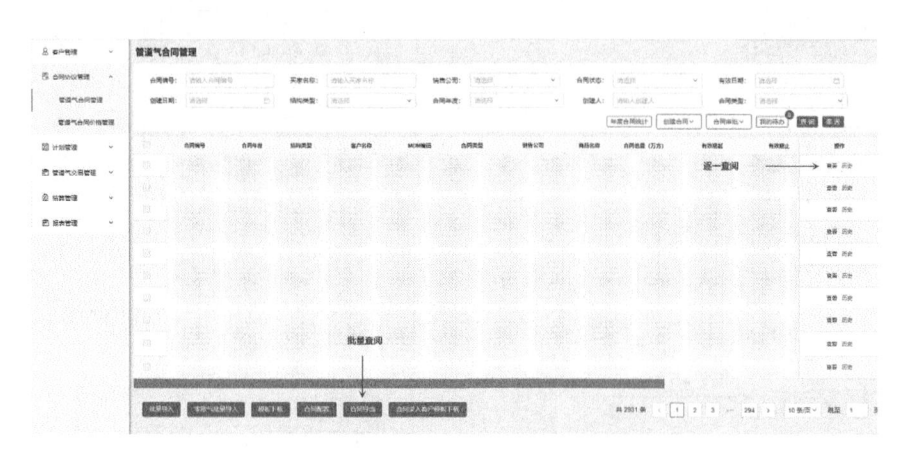

图5-12　电子销售系统批量处理界面

批量导出后，导出表由4页组成：合同列表、合同结构表、合同价格表、管道信息表。

1.合同列表。该表主要是展示合同的基本信息，主要信息有：合同编号、合同年度、结构类别、客户名称、客户编码、销售单位、商品名称、总合同量、合同起止日期、创建时间、更新时间、经办人、合同状态。如果合同的状态为变更审批中，则合同总量为生效前的原合同总量；如果合同的变更已通过审批，则合同总量为生效后现合同总量。

2.合同结构表。该表主要是导出的是当前生效的客户分月分结构的合同量明细信息，主要信息有：合同编号、客户编码、客户名称、合同年度、结构类型、合同起止时间、供气类型、合同结构编码、合同结构名称、用气结构、用气结构编码、分月分结构合同总量等。

3.合同价格表。该表主要是导出的是客户不同时间段分结构的合同价格明细信息，主要信息有：合同编号、客户代码、客户名称、合同年度、结构类型、合同起止时间、供气类型、合同结构编码、合同结构名称、用气结构、用气结构编码、分月分结构合同价格等。

第四节　归集系统

全国天然气中长期合同归集系统（简称"归集系统"），是国家发改委统建的合同管理系统，由上游企业、具体客户共同参与合同量、履约量的录入及确认。系统将所有合同分为三类：框架合同（民生＋商业）、民生合同、商业合同。合同数据主要为各类分月合同量：总量、民生合同部分，商业合同部分。其中民生合同进一步区分居民生活、城镇供暖、农村居民煤改气量。

该系统合同数据未设置审批程序，即油气田公司账户有权查看所属单位录入明细，但无须审批。上游企业录入后，由具体天然气客户自行确认，需要具体签约单位加强审查审批，确保数据准确。

归集系统目前不具备批量导入功能，录入路径为：主页面——上游合同归集。进入归集界面后，按照引导逐一填入合同信息。其中：结构为纯居民的合同按照民生合同类别归集、结构为纯非居民的合同按照商业合同类别归集、结构既有居民又有非居民的合同按照框架合同类别归集。主要采集信息有：合同类型、合同编码、双方全称及统一社会信用代码、合同起始日期、供气省份、供气年份、运输类型、交付省份、合同量、用户类别、可中断气量、分月分结构气量、分月民生结构气量等。

第五节 系统关系

营销业务管理平台、合同系统、电子销售系统、归集系统分别由西南油气田公司营销部门、中国石油企管法规部门、天然气销售专业公司、国家发展改革委归口管理，实现了不同归口管理部门对合同信息化管理的主要需求。由于工作重点的不同，各系统间所采集维护的信息虽存在大量重合，但也存在大量的不同，其中相同的数据暂未实现接口共享，系统还依赖人工手动录入，有待进一步改进、优化和提升（见表5-2）。

表5-2 合同管理相关系统对比表

项目	营销平台	合同系统	电销系统	归集系统
归口管理部门	西南油气田公司营销管理部门	中国石油企管法规部门	天然气销售专业公司	国家发展改革委
系统定位	西南油气田公司合同信息管理	合规管理	总部统购天然气购销合同信息统筹	政府监管
主要采集信息	按批文号采集公司分月安排量明细实际分月实签量明细	签约依据合同文本相关资料	分月分结构实签明细分月分结构实签价格管道及交接点明细	居民生活、城镇供暖、农村居民煤改气合同量

第三章　客户服务系统

西南油气田公司客户服务主要在天然气销售专业公司统建的 B3 系统和西南油气田公司自建的营销业务管理系统平台中开展客服业务，并结合应用移动信息平台技术，在客户服务数字化系统基础上，设计开发推用优服宝 APP，实现西南油气田公司客户服务电脑端、移动端、数字云端的多场景运用。

第一节　营销业务管理平台

营销业务管理平台是西南油气田公司开展客户服务的主要平台，主要进行客户评价、客户满意度调查开展和结果展示、客户资质动态监控、客户档案修订上传等，并随着客户管理需要不断升级优化客服功能（如图 5-13 所示）。

| 天然气客户管理理论与实务 |

图5-13　营销业务管理平台客户服务界面

营销业务管理平台客户评价、客户满意度实操部分已在本书第四篇第三章、第四章作了介绍，本节仅以客户档案建立修订为例进行功能介绍：

启动客户档案修订，点击【天然气销售客户管理】—【客户信息管理】—【客户档案管理】模块，进入客户档案管理界面，可通过输入"档案所属年份""是否生效""档案名称"等字段查询已建的相关客户档案信息（如图5-14所示）。

图5-14（a）　营销业务管理平台客户档案管理界面

图5-14（b） 营销业务管理平台客户档案管理界面

点击【天然气销售客户管理】—【客户信息管理】—【客户档案管理】模块，进入客户档案管理界面，可选中已生成的客户档案，点击"导出档案"，可导出该客户档案。

图5-14（c） 营销业务管理平台客户档案管理界面

该平台可以导出适时客户信息，进行客户档案修订，上传覆盖，节省对空白信息进行档案修订的工作量。

第二节　客户关系管理系统（B3）

B3系统是天然气销售专业公司统建的天然气客户关系调整管理系统，目前支持客户更名在线审批，其余调整均需由西南油气田公司向天然气销售专业公司报告，同意后由天然气销售专业公司告知运维在系统办理。客户更名审批由各供气单位在B3上进行更名发起，由西南油气田营销部门分管领导审批即可生效。B3系统的更名审批在【客户管理】的下拉框—【客户更名】处即可进行申请，西南油气田公司将依据批复文件核对后审查（如图5-15所示）。

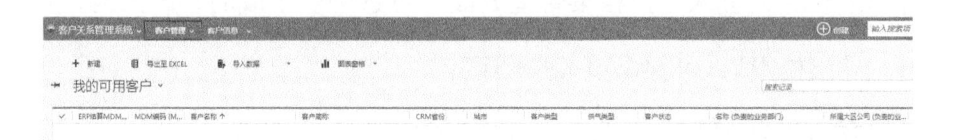

图5-15　B3系统客户服务发起界面

第三节　优服宝APP

结合天然气客户移动实时在线服务需求，西南油气田公司自建与推用移动客户服务平台优服宝APP。并以西南油气田公司营销业务管理平台1.0适时地业务处理和管理形成的数据与信息为基础，充分应用信息化、网络化和数字化安全技术，优化设计与开发应用优服宝 APP 既能面向油气营销客户服务，又能面向西南油气田公司内部管理需要的移动客户服务 APP 手机端应用平台手机版。

一、技术架构

依据当前营销业务协同现状、业务应用现状、信息系统现状、数据现状设计了项目的总体架构，包括基础层、数据层、应用层。基础层是整个系统架构的基础，它包含了支撑系统运行的所有基础设施和技术组件。这一层主要依托于西南油气田公司的算力资源和云平台，包括计算资源、网络设施、存储设备等硬件资源，以及操作系统、虚拟化技术、容器化工具等软件资源。数据层负责存储、管理和处理数据。这一层包括了数据库管理系统、区域数据湖等技术组件，以及相关的数据处理工具和服务。应用层是面向用户的层，它直接与用户交互，提供各种功能和服务。其中在 PC 端应用层共设计协同管理、决策管理、市场规划管理、市场开发管理、天然气批发管理、客户管理、终端销售管理和油化品销售管理 8 个应用模块，同时同步设计专业公司 APP、油气田公司 APP、地方政府 APP、客户 APP 共 4 个移动端应用。

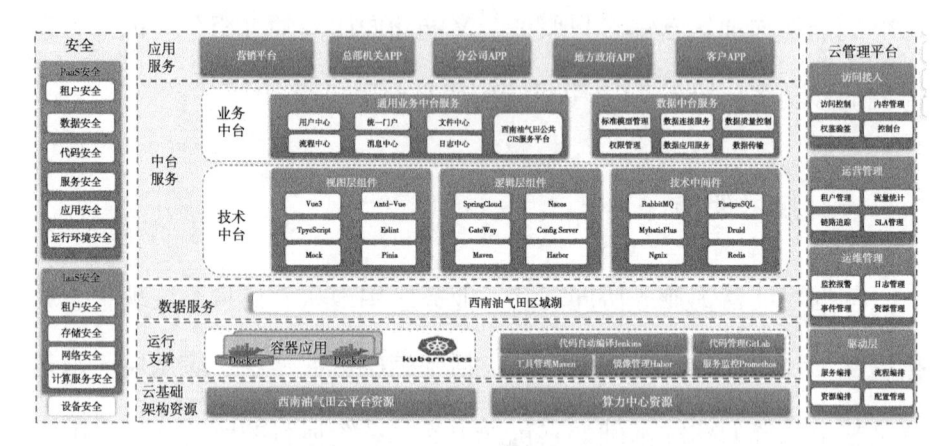

图5-16 优服宝APP系统技术架构图

二、功能架构

优服宝APP实现数据的集中存储,同时确保各个功能模块相互独立运作。这样不仅能够高效地整合与管理核心数据资源,还能保持系统架构的清晰与灵活,为用户提供更加流畅且专业的使用体验。根据适用群体开发建设总部机关、客户、油气田公司、地方政府四个APP,针对不同群体精心设计专属的功能模块,为每类用户提供定制化的服务体验,确保无论是机关、地方政府还是客户都能获得精准而高效的解决方案。包括数据查询、行规发布、消息预警、移动支付等功能(如图5-17所示)。

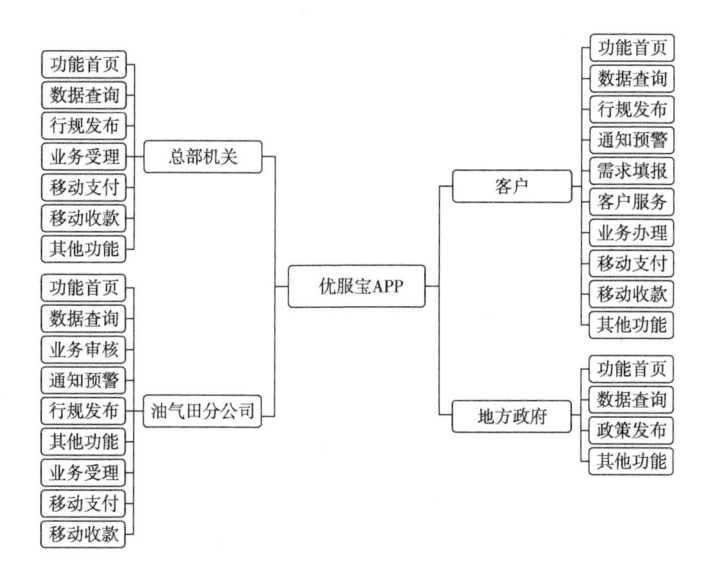

图5-17　优服宝APP系统功能架构图

一、员工使用功能简介

（一）首页界面

定制开发完成客户数、气款、日气量、销售结构、年月销量、销售均价、线上交易、石化销售、终端销售的数据展板，通过数字卡片的形式集中展示了天然气批发、石化销售和终端销售三大业务板块涵盖客户、销量、价格、气款四方面关键业务指标的统计数据，让用户在打开应用的第一眼就能迅速获取到业务运行的核心数据。同时根据用户不同的角色，展板展示了不同的数据内容，满足不同管理层级和业务部门的具体需求（如图5-18所示）。

图5-18　优服宝APP员工功能界面

（二）审核审批

梳理业务部门的各项业务流程，将日气量审核、合同气量审核、月计划审核、月气量报表审核、月气款报表审核、偏差气量审核、年计划审核7项业务流程在APP上开发完成。管理员在营销业务管理平台定制审批流程，包括设置审批环节、指定每个环节的审批人和审批角色、定义审批条件和规则，根据不同业务场景设计合适的审批路径。同时为了确保审核流程的顺利进行，实现了通知和提醒功能，及时向相关人员发送审核任务的通知和提醒。并通过APP内的消息推送的方式进行通知，确保审批人员能够及时处理任务。

（三）数据查询

APP的数据查询功能是让用户能够方便快捷地查找各类数据资源

的关键功能,这一功能在优服宝中显得至关重要。为了满足用户的数据查询需求,优服宝推出了客户信息查询、计划量查询、气量查询、合同量查询四项数据查询功能。在客户信息查询中,提供筛选功能,用户输入关键字来查询客户,界面显示客户相关的如客户名称、供气单位、行业、客户经理及联系方式、客户及联系方式、客户简介等关键性指标,使用户能方便了解客户信息。计划量查询功能通过选择时间,可查询当月计划以及历年计划安排。气量查询通过切换选项卡可查询日、月、年的销售气量。合同查询可选择时间,查询分月或者历年的合同实签量。数据以列表和折线图的形式展现查询结果。

(四)政策法规和知识库

优服宝 APP 提供了丰富的政策法规相关内容,包括国家和地方以及行业相关的政策法规,提供关键字搜索功能,确保用户能够方便、及时地获取相关政策信息。

知识库功能模块提供了燃气安全知识、使用指南等信息,帮助用户了解燃气知识和安全用气方法,使用户能随时随地学习燃气知识,提高用户的安全用气意识。

二、客户使用功能简介

(一)首页数据展板

优服宝 APP 客户端采用九宫格的设计,通过直观的设计和布局,让用户感到应用易于使用且响应迅速。提供重要数据首页展示和功能的快捷入口，这样可以节省用户的时间，让他们不必深入多个层级来获取关键信息，同时用户可以直接从首页跳转到他们最常使用或最关心的功能，无须层层点击，提高工作效率。数据包括气款余额、预付款、可用天数、当日用气量、年累气量、线上交易量、月累气量、当月计划、当月合同。功能入口包括需求填报、预付款查询、满意度调查、意见与建议、线上交易查询、政策法规、知识库、技术支持、预约来访9大功能（如图5-19所示）。

图5-19　优服宝APP客户功能界面

（二）需求填报

需求填报功能为客户提供用气需求申报一种途径，同时方便西南油气田公司了解收集客户真实的用气需求。包括年用气需求、月用气需求、线上交易需求、年合同需求。在月用气需求中，提供上年度同期、合同量、上月用气量参考数据，方便客户合理填报自身需求气量。用户填报数据后，数据将汇总在营销业务管理平台，西南油气田公司根据客户需求组织气源，合理安排客户供气计划。

（三）满意度调查

西南油气田公司每年在优服宝APP组织开展一次在线客户满意度调查，从产品品质、服务质量、服务改进等方面开展调查，了解客户对于西南油气田公司提供的产品、服务以及服务质量等方面的直接反馈，了解客户的真实需求和期望，识别存在的问题和不足，据此进行针对性的改进和优化。并与营销业务管理平台联通，从多方面分析客户的反馈结果，便于服务的改进和政策的制定。

（四）数据查询

优服宝APP为客户提供了丰富的信息查询功能，涵盖了客户用气的方方面面，包括日用气查询、月用气查询、历年用气查询、合同量查询、计划量查询、计量点查询、气价查询、气款查询、线上交易数据查询、客户信息查询、客户经理查询。客户可以轻松查看用气量、用气费用、用气趋势等信息，方便了解自己的用气情况。同时客户可以不受时间和地点限制，极大地提高了服务的便捷性。

（五）通知公告

通知公告功能是一个重要的信息传递渠道，通过监控营销业务管理平台的数据动态，适时向客户发送资质到期、过期提醒等通知消息，及时提醒客户获知并办理相关资质，同时也方便西南油气田公司管理人员敦促客户规范管理相关资质信息。优服宝APP将传统的线下服务转移到线上，大大提高了服务效率，使得西南油气田公司客户管理与服务管理更为智能化、个性化和经济化。

第四节　系统关系

　　西南油气田公司天然气客户服务是以自建应用的营销业务管理平台为基础，实现 B3 系统、营销业务管理平台和优服宝 APP 直接和间接的共享应用。营销业务管理平台重点涵盖了客户从潜在阶段、用气阶段和客户服务中满意度调查、评价等管理与服务功能；优服宝 APP 将客户服务要点内容和供用互动关键内容的推送到手机移动端展示和收集运用；B3 系统是天然气销售专业公司对客户管理的主要审批和展示平台，以相对独立的方式在专业公司的管理下开展客户服务。营销业务管理平台是西南油气田公司客户管理与服务的基础系统平台，优服宝 APP 是公司客户服务数字化转型与智能化发展的未来方向，营销业务管理平台和优服宝 APP 间可以实现信息共享，数据推送和管理运用。

参考文献

[1] 孙慧，杨雷，等.深化中国天然气市场改革的思考与建议 [J].天然气工业，2023，43（2）：139-145.

[2] 杜奇平，毛桂英，徐传义.从专业化管理向全面精细化管理方式的转变 [J].石油工业技术监督，2012，28（8）：14-17.

[3] 贺志明，杜奇平，罗凌睿.关于西南油气田天然气销售体制改革优选路径的思考 [J].天然气技术与经济，2017，11（5）：57-61.

[4] 杜奇平，袁灿，王琳，等.天然气用户用气结构核查的管理与实践——以中国石油西南油气田公司为例 [J].天然气技术与经济，2019（2）.

[5] 贺志明，杜奇平，袁灿，等.天然气销售推行客户经理制的思考——以西南油气田天然气销售为例 [J].天然气技术与经济，2020（2）.

[6] 朱小华，任伟，杜奇平，袁灿，罗凌睿，叶畅.西南油气田油气营销客服 APP 的建设与应用 [J].天然气技术与经济，2020，14（5）.

[7] 杜奇平，袁灿，杨雅雯，等.关于对天然气客户实施全生命周期管理的几点建议 [J].天然气技术与经济，2021，15（6）.

[8] 贺志明，杜奇平，杨雅雯，等.关于川渝地区城镇燃气发展问题及对策

建议研究 [J]. 天然气技术与经济, 2022, 16 (6): 56-61.

[9] 王建良, 李翌. 中国东中西部地区天然气需求量影响因素分析及未来走势预测 [J]. 天然气工业, 2020, 40 (2): 149-158.

[10] 周娟, 魏微, 胡奥林, 等. 深化中国天然气价格机制改革的思考 [J]. 天然气工业, 2020, 40 (5): 134-141.

[11] 高芸, 王蓓, 蒋可, 等. 2019 年中国天然气发展述评及 2020 年展望 [J]. 天然气技术与经济, 2020, 14 (1): 6-14.

[12] 何春蕾, 段言志, 李森圣. 国家油气管网公司成立后的天然气价格机制改革建议 [J]. 天然气技术与经济, 2020, 14 (3): 68-73.

[13] 高振宇, 周颖, 高鹏, 等. 天然气产业链和谐化发展研究 [J]. 天然气技术与经济, 2019, 13 (2): 6-10+50+79.

[14] 潘文汇, 王超, 车晓波. 中俄天然气管道东线对目标市场的影响分析 [J]. 国际石油经济, 2019, 27 (6): 47-55.

[15] 国家发展和改革委员会, 国家能源局. 能源生产和消费革命战略 (2016—2030) [R]. 北京: 国家发展和改革委员会, 2016.

[16] 邹才能, 赵群, 陈建军, 等. 中国天然气发展态势及战略预判 [J]. 天然气工业, 2018, 38 (4): 1-11.

[17] 张国忠, 张丰羽. 发挥市场在资源配置中的决定性作用 [J]. 金融理论与教学, 2014 (4): 35-37, 56.

[18] 帅训波, 买炜, 魏东, 等. 天然气综合管理信息系统设计与开发 [J]. 菏泽学院学报, 2011, 33 (2): 32-34.

[19] 何润民，熊伟，杨雅雯，等. 中国天然气市场发展分析与研究 [J]. 天然气技术与经济，2018，12（6）：21-24.

[20] 刘剑文，杨建红，王超. 管网独立后的中国天然气发展格局 [J]. 天然气工业，2020，40（1）：132-140.

[21] 姜子昂，王富平，段言志，等. 新形势下中国天然气市场发展与应对策略——以川渝气区为例 [J]. 天然气工业，2016，36（4）：1-7.